…IQUE ET AGRICOLE
…ARBRES FRUITIERS

Par Albert BERNARD
Instituteur
Officier de l'Instruction Publique

…Editeurs, 46, Rue du Bac, Paris

TERENCE CONRAN'S

FRANKREICH

Unter Mitarbeit von Pompon Bailhache
und Maurice Croizard

Gestaltet von Stafford Cliff

RV VERLAG

Ich möchte dieses Buch Michael Wickham und seiner damaligen Frau Cynthia widmen, die mir anläßlich einer herrlichen Urlaubsreise Anfang der fünfziger Jahre zum ersten Mal die Schönheiten Frankreichs vor Augen führten. Seitdem bin ich immer wieder mit meiner Frau Caroline und unseren Kindern in den Ferien dorthin zurückgekehrt. Je öfter wir nach Frankreich reisen, desto faszinierender erscheint es uns – die Entdeckungen nehmen jedenfalls kein Ende.

Daneben hatte ich das Glück, häufig nach Paris reisen zu können, um mich dort mit Freunden und Mitarbeitern in den Conran-Shops und in der Buchhandlung FNAC zu treffen und zu besprechen. Sie haben wesentlich zu unserer *entente cordiale* beigetragen und mir geholfen, *la difference* zu verstehen und zu schätzen.

Zwei Faktoren machten die Arbeit an diesem Buch zu einer der angenehmsten Aufgaben meines Lebens: zum einen das Thema selbst und zum anderen die beständige Ermutigung und Unterstützung meines Herausgebers Hilary Arnold. Pompon Bailhache hat meine langen Monologe aufgeschrieben und meiner Erinnerung mit viel Charme, Intelligenz, Stil und Geduld nachgeholfen.

Stafford Cliff, mein Art-director, war ebenso enttäuscht wie ich, daß so viele schöne Bilder Frankreichs keinen Platz mehr in diesem Buch finden konnten. Aber das ist eben typisch für Frankreich: In seiner Vielfalt und Schönheit sprengt es alle Grenzen.

Terence Conran.

Schmutztitel/Innenseite: Straßencafé in Lyon
Frontispiz: Citroën DS vor dem Château Chambord an der Loire
Innentitel: Wiesenpfad in Gers in der Region Midi-Pyrénées
Diese Seite: Klassische emaillierte Vorratsbehälter

Originalausgabe erschien 1987 bei Conran Octopus Limited, London

Titel der Originalausgabe: Terence Conran's France

Bearbeitung der deutschen Ausgabe:
topic Verlag GmbH, Karlsfeld bei München
Übersetzung aus dem Englischen: Ingrid Hacker-Klier
Redaktion der deutschen Ausgabe: Ute Jäger, Elisabeth Hammerl

Satz: Fotosatz Skazel GmbH, München

Umschlaggestaltung: Graphic Design Wagner, Winnenden

Printed in Hong Kong

ISBN 3-575-11005-0

INHALT

Le Monde
FROMAGE
FROMAGERIE DE
GITANES
20 CIGARETTES
POUR 1/2 LITRE
BOUILLON
KUB
AIR FRANCE
96
Michelin
ENVIRONS DE PARIS
Carte à 1/100 000
1 cm pour 1 km
AVEC INDICATION DES DÉPARTEMENTS DE LA RÉGION PARISIENNE
3e ÉTAGE
RENAULT
FROMAGE de ST-MARCELLIN
40% DE MATIÈRE GRASSE
René Chillard
FABRICANT
VARACIEUX
PAS DE CALAIS
Folkestone
Calais
Boulogne
Dieppe
Abbeville
AMIENS
Arras
Hastings
Eastbourne
Portsmouth
Southampton

ERSTE EINDRÜCKE

Meine erste Begegnung mit Frankreich hat mein ganzes Leben beeinflußt und inspiriert. Ihr verdanke ich nicht nur neue Impulse für meine Arbeit als Designer, sondern auch die Idee, weltweit Frankreich-Shops einzurichten. Frankreich und die Franzosen haben mich mit jener Lebensphilosophie bekannt gemacht, die sie von anderen Kulturen unterscheidet. Und obwohl sich diese nicht pauschal übernehmen läßt, können wir Nichtfranzosen viel von Frankreich lernen und sollten uns bemühen, die Geheimnisse seiner Lebenskunst – des savoir vivre *– zu erfahren, um der Schönheit unserer irdischen Existenz näherzukommen. So erhöhen wir nicht nur die Lebensfreude, sondern leisten auch einen Beitrag zur Verbesserung der Lebensqualität. Längst gehört der elitäre und arrogante französische Lebensstil, dessen Sinn es war, die unüberbrückbare Kluft zwischen den Mächtigen und dem Rest des Volkes sichtbar zu machen, der Vergangenheit an. Von dieser Ausprägung französischer Lebensart sprechen wir hier naturgemäß nicht. Was uns Heutige fasziniert und was wir schon recht gut begriffen und weitgehend übernommen haben, ist die Fähigkeit, die alltäglichen Dinge des Lebens zu kultivieren und zu genießen.*

Meine erste Reise nach Frankreich fand 1952 statt und war meine erste Auslandsreise überhaupt; ich verdanke ihr unauslöschliche Erinnerungen. Sie eröffnete mir grundlegende Einsichten in bezug auf künstlerische Gestaltung und Formgebung und sollte sich als weit wirksamere Schulung erweisen als die in der Kunstakademie verbrachten Jahre.

Ich war sehr jung und unerfahren und leicht zu beeindrucken. Und das gereichte mir zum Vorteil, denn ich begeisterte mich für die einfachsten Dinge. Ich war zu arm und zu ungebildet, um mit dem Kunstführer in der Hand historische Schlösser zu besichtigen oder Drei-Sterne-Restaurants abzuhaken. Das kam erst später! Damals war für mich ein Steak mit Pommes frites und einer Flasche Landwein aus der Region der Gipfel des Genusses, ein Mahl, das ich mit Vorliebe in einem der Routiers für Fernfahrer zu mir nahm, wie es sie an jeder Landstraße gibt. Nichts im Leben hat mir jemals wieder so gut geschmeckt! Und welch eine Fülle von Bildern habe ich damals begierig aufgesogen und tief im Inneren bewahrt: das pulsierende Leben auf den Wochenmärkten, diese Symphonie von Farben, Formen und Düften, den eigenartigen Reiz verfallender Gehöfte mit ihrem bröckelnden Mauerwerk, das Spiel des Lichts auf dem ausgebreiteten Mosaik der Felder und Wiesen auf dem Lande und die frische, funktionale Welt der Gebrauchskunst von der Reklame bis hin zur emaillierten Kaffeekanne. Seither bin ich immer wieder zurückgekehrt, um meinen Frankreich-Hunger zu stillen.

Als wir 1964 den ersten Frankreich-Shop eröffneten, gab ich meine Freude an diesem Land an meine Mitbürger weiter, indem ich für sie Dinge importierte, die ich selbst liebte. Mein erfahrenes Verkaufsteam wollte die Schaufenster besonders exklusiv dekorieren: eine gußeiserne Pfanne in Gesellschaft einer einzelnen Kaffeetasse in vornehmer Einsamkeit auf einem sorgfältig drapierten gewürfelten Küchentuch. Dagegen sollte das Vorratslager unsichtbar im Hintergrund bleiben. Ich aber bestand darauf, alles Geschirr bis hoch unter die Decke zu stapeln. Das war unerhört, ja revolutionär! Aber die Franzosen hatten es in ihren ländlichen Haushalts- und Eisenwarengeschäften seit jeher so gehalten: Man ließ die formschön und zweckmäßig gestalteten Produkte für sich selbst sprechen, indem man sie en masse *ausstellte. Auf diese Weise konnte der Kunde abwägen und vergleichen, er konnte die Dinge in die Hand nehmen und das, was er geprüft und ausgewählt hatte, auch selbst nach Hause tragen.*

Dieses Buch ist keineswegs ein umfassendes Nachschlagewerk über Frankreich; es ist vielmehr eine Huldigung und eine visuelle Würdigung, die ebenso komplex ist wie das Land selbst und ebenso subjektiv, wie es meiner persönlichen Sehweise entspricht.

Was mir aus meiner ersten Begegnung mit Frankreich im Jahre 1952 besonders nachhaltig in Erinnerung blieb, war das Gefühl, ein Land von betonter Sinnenhaftigkeit zu betreten. Kaum hatte ich in Calais den Fuß ans Land gesetzt, empfing mich bereits ein fremdartig-exotischer Duft, den ich später als Mischung aus starkem Tabak, teurem Parfüm und frischem Knoblauch identifizieren konnte. Heute müßte man schon ans andere Ende der Welt fliegen, um ähnliche Sinnesreize zu erleben. Nicht weniger überwältigend wirkte die auffallende Eleganz der Frauen.

Von der Fülle, der Vielfalt und der Schönheit der alltäglichen Dinge des Lebens war ich sofort hingerissen. Gemüse und Früchte wurden auf den Märkten in verschwenderischer Pracht aufgetürmt, aufgehäuft und großflächig ausgebreitet und vereinten sich zu einem leuchtenden, farblich fein abgestimmten Gemälde. Blumen wurden in dicken Büscheln locker in Eimer gesteckt und nicht etwa als kunstvoll arrangiertes, steifes Gesteck angeboten. Solch einen Überfluß hatte ich noch nie gesehen.

Das billigste Café war doch von schlichter Eleganz: die Tische gedeckt mit frischem Leinen, weißen Porzellantassen und formschönen Metallkannen, Kacheln schmückten den Boden, die Stühle waren klassisch geschwungen. Ein Teller Bouillabaisse schmeckte so köstlich, wie er aussah, und ein einfaches Croissant mit *café au lait* vergoldete den Tag. Zu jeder Mahlzeit gab es eine Karaffe Wein, im bescheidenen Menupreis inbegriffen.

Die Wochenmärkte mit ihrem Nahrungsmittelangebot waren und blieben für mich der Inbegriff von Lebensqualität. Selbst heute noch ist das Einkaufen auf einem ländlichen Wochenmarkt ein Genuß. Man ist Teil eines sozialen Ereignisses, das Gelegenheit bietet, herumzuspazieren, in Ruhe das Angebot zu prüfen, zu vergleichen, zu schnuppern, um schließlich mit Körben der schönsten und frischesten Lebensmittel nach Hause zu gehen.

La SPORTIVE

Wenn allgemein das Wort gilt: Frankreich hat viele Gesichter, so trifft das auch auf das französische Volk zu. Es ist aus vorindogermanischen (iberischen und ligurischen), keltischen, romanischen und germanischen Bestandteilen gemischt und weist somit eine Ahnenreihe auf, die eine Vielfalt von Ausprägungen, aber kein »typisch französisches« Antlitz geschaffen hat.

Als die Römer das Gebiet des heutigen Frankreich im ersten Jahrhundert v. Chr. eroberten und besetzten, trafen sie auf eine Bevölkerung von Galliern und Basken, mit denen sie sich zum Teil vermischten. Ein halbes Jahrtausend zuvor hatten sich bereits griechische und phönizische Kaufleute an der Mittelmeerküste niedergelassen. Während der Völkerwanderung kamen von Norden germanische Stämme, insbesondere die Franken, von denen das Land seinen Namen hat. Als letzter germanischer Stamm ergriffen 911 die Normannen Besitz von der Normandie. In der Bretagne hatten britische Flüchtlinge (Kelten) vor den Angeln und Sachsen, die im 5. Jahrhundert v. Chr. Großbritannien erobert hatten, eine neue Heimat gefunden.

Die Bewohner der französischen Rand- oder Grenzgebiete, die den Einflüssen ihrer Nachbarvölker ausgesetzt waren und sind, haben naturgemäß gewisse Wesenszüge und altes Kulturgut ihrer Nachbarn übernommen. Aber diese französischen Katalanen, die Elsässer, die Menschen italienischer Abstammung in der Gegend von Nizza und die flämisch Sprechenden aus dem Norden wie auch die leidenschaftlich unabhängigen Bretonen und Basken betonen immer wieder mit Nachdruck ihre Identität als echte Franzosen. Heutzutage hat Frankreich einen enormen Zuwachs von Einwanderern aus dem Ausland zu verzeichnen. Die meisten von ihnen sind Europäer – Portugiesen und Italiener –, viele aber auch Rückkehrer aus den früheren französischen Kolonien in Afrika, Nordafrika und Südostasien.

Im folgenden möchte ich Ihnen einige »Eindrücke im Vorübergehen« weitergeben – Szenen, wie sie uns in ihrer Alltäglichkeit zufällig begegnen, kurz aufleuchten und dann rasch vorübergleiten.

Wahrscheinlich würden Sie an diesem typisch französischen Restaurant am linken Seine-Ufer (*oben links*) vorbeispazieren, ohne sich darüber klarzuwerden, warum Sie von diesem Lokal, das doch wie tausend andere Lokale in Frankreich aussieht, auf Anhieb angezogen werden. Ich kann es Ihnen erklären: Zunächst einmal ist bereits der exquisite, warme Außenanstrich eine Wohltat für die Augen. Der zweite Blick auf frische Leinentischtücher und weißes Porzellan bestätigt: Hier wird mit ziemlicher Sicherheit eine gute Tafel geboten. Man wird den Wein in einer klassischen Karaffe servieren, den Salat in einer soliden Glasschüssel, und die Fleischspeisen kommen auf einer einfachen ovalen Porzellanplatte auf den Tisch. Ein derart bewußt zurückhaltender Stil lenkt die ganze Aufmerksamkeit auf die Speisen. Die vornehme Schlichtheit von Umgebung und Geschirr genießt man ebensosehr wie die eigentliche Mahlzeit. Das ist einer der Gründe dafür, warum französisches Essen außerhalb Frankreichs niemals so gut schmeckt wie im Lande selbst – ganz gleich, wie perfekt die Kochkunst auch sein mag.

Eine französische Hochzeit (*Mitte links*) verkörpert eine ganz anders geartete Facette französischer Lebensart: die Liebe zu Pomp und Zeremonie, verbunden mit der öffentlichen Darstellung der Familiensolidarität. Dies alles verrät uns die Szene auf offener Straße, bei der ein Vater seine Tochter an der Spitze eines Zuges von Hochzeitsgästen zur Kirche führt.

Hier rast eine Gruppe französischer Radfahrer über eine Brücke, die über den Canal du Midi führt (*unten links*). Wild entschlossen verschreibt man sich dem Kampf gegen seine Rivalen, ganz gleich, ob es sich dabei um Mitbewerber oder um steile Bergstraßen handelt.

Die kleine Szene mit den sich aus dem Fenster beugenden Frauen (*oben rechts*), die sich mit jemandem auf der Straße lebhaft zu unterhalten scheinen, könnte sich ebensogut in Amsterdam oder Berlin abspielen. Was aber die französische Prostituierte von ihren Kolleginnen unterscheidet, ist die Tatsache, daß sie den Ruf als Weltbeste zu verteidigen hat.

Der Anspruch der Franzosen, Erotik und Sexualität zu einer Kunst erhoben zu haben, ist schon ziemlich alten Datums und erreichte um 1890 seinen Höhepunkt und größten Bekanntheitsgrad. Damals zeigte Frankreich, im Gegensatz zu der verlogenen öffentlichen Prüderie des viktorianischen Zeitalters, eine solch liberale und aufgeschlossene Haltung gegenüber der Sexualität, daß es zu einem Vorkämpfer sexueller Befreiung wurde. Trotz der später weltweit einsetzenden Entspannung auf sexuellem Gebiet haben die Franzosen ihren Ruf als Meister der Erotik beibehalten.

Eine weitere wesentliche Eigenschaft der Franzosen ist ihre Einstellung zu Kindern. Für die Kinder ist nur das Beste gut genug – das reicht von der sprichwörtlich hervorragenden akademischen Ausbildung bis zu den neuesten angewandten Erkenntnissen der Kindererziehung. Keine Familienfeier ist vollständig ohne die Jüngsten, die bei solchen Anlässen niemals als lästig empfunden werden.

Als Besucher aus dem Ausland ist man beeindruckt vom Chic der Kinderkleidung und der darauf abgestimmten Accessoires; selbst die Schultasche ist formschön und aus weichem Leder (*Mitte rechts*) und wird lässig wie ein Rucksack getragen.

Öffentliche Bedürfnisanstalten aus Beton und Plastik ersetzen zunehmend das alte Pissoir (*unten rechts*). Diese skurrilen Konstruktionen – von den Franzosen *vespasienne* genannt – wurden im Laufe der Zeit als allzu öffentlich und indiskret empfunden; mancher prüde Besucher fühlte sich geniert, so offen den Blicken der Passanten ausgesetzt.

In der Schönheit Frankreichs und seiner Landschaft offenbart sich eine sensible und tief empfundene Wechselwirkung zwischen Mensch und Natur.

Der Stadtkern von Paris wurde aus natürlichen Materialien erbaut – aus honigfarbenem Sandstein und blaugrauem Schiefer –, mit dem Ziel, eine harmonische Wirkung zu erreichen. Diese städtebauliche Ausgewogenheit ist weitgehend erhalten geblieben und der Versuch geglückt, allzu starke Eingriffe von Industrie, Hochbau und Spekulation abzuwehren. So kann sich dieser alte Teil der Stadt (*oben*) einer Skyline rühmen, die eher einer provinziellen Renaissancestadt als einer Weltstadt entspricht.

In der Picardie (*Mitte*) haben die Bauern dem Land ihren Stempel aufgedrückt: Die ebenmäßige Struktur des Bodens verrät Jahrhunderte intensiver Kultivierung.

Auch die von Bäumen gesäumten Straßen (*rechts*) sprechen von der Verbindung zwischen Mensch und Natur.

Buntes Straßenleben in französischen Großstädten

Gegenüberliegende Seite: Feuerschlucker zeigen ihre Künste auf der Piazza vor dem Beaubourg oder »Centre Pompidou«. Hoch über ihnen die Rolltreppenpassage, die in Plexiglasröhren durch das Gebäude führt.

Oben links: Musiker unter den Arkaden der Place de Vosges

Oben rechts: Fischer an der Seine

Mitte links: Zeitvertreib beim Brettspiel im Jardin des Plantes in Paris

Mitte rechts: Eines der typischen Straßencafés am Boulevard St Germain

Unten links: Akrobaten am »Centre Pompidou«

Unten rechts: Sonntäglicher Flohmarkt in Marseille

Leben wie Gott in Frankreich: Palmen und Cafétische an der Promenade von Cannes

Zwei Freunde, im Gespräch vertieft, vor einem der herrlichsten Stadtpanoramen mitten in Paris. Das Auge schweift vom Bassin im Tuileriengarten zum Obelisken (aus Luxor in Ägypten nach Paris geschafft) im Zentrum der Place de la Concorde und weiter zum Arc de Triomphe, der den Abschluß der Champs Elysées bildet.

In Aix-en-Provence, Stadt der Platanen und der Brunnen, speist man in einem Freiluftrestaurant auf dem Cours Mirabeau im kühlen Schatten der Bäume.

»Der Bauch von Paris«, das sind die alten, unnötigerweise abgerissenen Markthallen im Zentrum von Paris vor ihrer Zerstörung. Eine nostalgische Erinnerung an einen der besten Plätze in Paris.

Bonne Année
RÉPUBLIQUE FRANÇAI
CARTE D'ÉLECTEUR
MINISTERE DE L'INTÉRIEUR
L'ÉQUIPE DE FRANCE CHAMPIONNE OLYMPIQUE 1984
LYON - PROVE
COTE-D'AZUR - CO
Le Littor
de Marseille
à Menton
MARSEILLE
TOULON
NICE

GESICHTER FRANKREICHS

Wenn man von Frankreich sagt, es sei das Land der Individualisten, so ist es gleichzeitig auch ein großer Individualist unter den Völkern. Das Gesicht, das es der Welt zeigt, weist leidenschaftliche und vergeistigte, emotionale und intellektuelle Züge auf, es ist mit physischer Schönheit und Kraft ausgestattet, sein Einfluß hat Gewicht in der Welt. Sowohl die acht Länder, die an Frankreich grenzen – Italien, Deutschland, Luxemburg, Belgien, Spanien, Monaco, Andorra und die Schweiz –, als auch die vier Meere, die es umgeben – der Atlantik, das Mittelmeer, der Ärmelkanal und die Nordsee –, unterscheiden sich ganz erheblich voneinander und haben jeweils ihren Einfluß mehr oder weniger prägend geltend gemacht. Das Land, das sie einschließen, besitzt trotz scharfer regionaler Gegensätze eine stabile nationale Identität, die das französische Volk zu allen Zeiten verteidigt hat. Frankreich setzt sich aus einer erstaunlichen Vielfalt divergierender Landschaften und Regionen mit ihren Bevölkerungen zusammen, und so nimmt es nicht wunder, daß jeder Landstrich seine ganz spezielle Eigenart aufweist, die sich im Wesen der Menschen und in ihrer Lebensart auch unterschiedlich niederschlägt. Land und Stadt sind deutlich voneinander abgegrenzt und kontrastieren erheblich. Das geheime innere Bindeglied, das es vermag, diese Vielfalt von Land und Leuten zu vereinen, ist zweifellos die allen gemeinsame Lebenslust und Lebensart – das savoir vivre.

Gertrude Stein schrieb darüber: »...Die Franzosen sind vollkommen ausgefüllt und beschäftigt damit, das Leben zu leben; das ist ihre normale Beschäftigung im Leben. Unglücklich sind sie nur dann, wenn sie aus irgendeinem Grunde mit dieser sie so enorm beschäftigenden Beschäftigung nicht mehr beschäftigt sein können – dann reden sie sofort von Revolution.«

Und gerade weil die Franzosen von der Kunst zu leben so magisch angezogen, ja besessen sind, ist es ihnen gelungen, auf dem Gebiet der Schönen Künste sowie der Kochkunst Weltruhm zu erringen, haben sie es geschafft, eine führende Position in der Politik und in der Mode zu erlangen und ihr Land zu einem Ort universaler Anziehung zu machen.

Die Franzosen ehren, achten und feiern ihre kulturelle Elite, aber sie sind nicht weniger stolz auf die Menschen, die in ihren alltäglichen Berufen durch besondere Leistungen hervortreten. So können auch Ingenieure, Designer, Köche, Journalisten, Bäcker, Weinbauern, Kunsthandwerker, Baumeister oder Lehrer zu Ruhm und Ansehen gelangen. Übrigens sind viele der französischen Nationalhelden gar nicht in Frankreich geboren – das beweisen einige Namen aus unserem Jahrhundert wie Picasso, Josephine Baker, Cassandre, Jacques Tati. Eine so ausgeprägte Akzeptanz »Fremder« ist recht bemerkenswert für eine Nation, die für ihren Chauvinismus bekannt ist und deren eigene Schriftsteller, Philosophen und andere Größen mit den Weltbesten konkurrieren können.

Dieses Phänomen erklärt sich meiner Meinung nach aus der Tatsache, daß Frankreich ein altes Volk mit einer langen Geschichte ist, in deren Verlauf es immer wieder verstanden hat, das Beste aus anderen Kulturen zu erkennen, herauszufiltern und für sich nutzbar zu machen. Selbst die Menschenrechte (Declaration of Human Rights), von den Franzosen in den ersten Monaten ihrer Revolution 1789 proklamiert, waren angelsächsischen Ursprungs, aber Frankreich machte etwas Eigenes daraus. Lange Zeit war Frankreich auch ein Zufluchtsort für Künstler, Schriftsteller, politische Flüchtlinge, unterdrückte Minderheiten, Steuerflüchtige und alle möglichen Außenseiter und Neuerer. Sie alle sind absorbiert und integriert worden und behielten dennoch ihre eigene kulturelle Identität bei.

In der großen Meeresbucht zwischen bretonischer Küste und Normandie erhebt sich eine 78 Meter hohe Felsinsel aus Granitgestein, die schon seit dem 8. Jahrhundert ein berühmter Wallfahrtsort ist. Einer Legende zufolge erschien damals der Erzengel Michael dem Heiligen Aubert, Bischof von Avranches, im Traum und befahl ihm, eine Kapelle auf der kleinen Insel zu errichten. Sie wurde später zu einer Benediktiner-Abtei. Aus dieser Zeit berichtet eine andere Legende: Eine schwangere Frau wurde auf dem Weg zur Abtei von der hereinbrechenden Flut überrascht. Der Erzengel vernahm ihren Hilferuf und teilte rechtzeitig die Wogen, um sie sicher hinüberzugeleiten. Als Zeichen der Dankbarkeit nannte die Mutter ihr kurz darauf geborenes Kind »Peril« (Gefahr); die Abtei ist seitdem unter dem Namen »Mont-St-Michel in Gefahr vom Meer« bekannt.

Die Meeresbrandung ist hier in der Tat gewaltig. Die Sturmfluten im Frühling sind die verheerendsten in ganz Europa.

Seit über einem Jahrhundert ist der Mont-St-Michel durch einen Dammweg mit dem Festland verbunden. Die imposanten Bauten der Abtei umfassen eine weitgefächerte Skala an Stilrichtungen sakraler Baukunst. Auf der untersten Ebene des Komplexes erheben sich zwei karolingische Kapellen im romanischen Stil, auf dem Gipfel ragt eine romanische Abteikirche mit spätgotischem Chor empor. Ihre Spitze ist gekrönt vom Heiligen Michael, der gerade den Drachen tötet. Die gotische Architektur der Nordfassade ist zu Recht »Merveille« (Wunder) genannt worden. Dieses Hauptgebäude beinhaltet den Rittersaal, Gästehalle, Refektorium, Vorratsraum und das Kloster mit seiner unvergleichlich reinen Linienführung. Alle Bauten wurden zwischen 1203 und 1228 errichtet. Danach wurde die Anlage zu einer Wehrkirche. Heute ist der gesamte Komplex nur noch interessanter Anziehungspunkt für Touristen in Frankreich.

Die französische Landschaft ist reich an Châteaus, Burgen, Festungen und kleinen Herrenhäusern.

Die historischen Schlösser und die Herrenhäuser der großen Weinbau-Domänen werden gleichermaßen als Châteaus bezeichnet. Besonders häufig findet man sie im Périgord. Nach der Legende ging einst ein Heiliger mit einem Sack voller Châteaus durch das Land – und gerade, als er die Berge der Dordogne erklomm, rutschte er aus, und die Châteaus purzelten aus dem Sack in die ganze Landschaft. Die historische Erklärung stammt aus dem 12. Jahrhundert: Eleonore, Erbin des Herzogtums Aquitanien, betrieb die Scheidung von ihrem Mann, Ludwig VII. von Frankreich, und heiratete schließlich Henry Plantagenet, den späteren Heinrich II. von England. So ging Aquitanien in englischen Besitz über, aber seine Grenzen waren immer unscharf und heiß umkämpft – daher die Befestigungen auf beiden Seiten.

Das Château von Commarque (*rechts*), heute eine eindrucksvolle Ruine, ist eine solche Bastion im alten Grenzland. Sie spielte im Hundertjährigen Krieg (1337–1453) eine wichtige Rolle. Eine Zeitlang wurde sie von den Engländern gehalten, bis sie später der Seneschall von Périgord zurückeroberte.

Weiter östlich, in der Region Aveyron, erhebt sich eine andere Festung, das Château von Najac (*oben*). Kaum hatten die Engländer diese Bastion 1185 erobert, schlossen sie auch schon an Ort und Stelle ein Bündnis mit dem Herzog von Aragonien gegen den Grafen von Toulouse.

So könnte jedes Château seine eigene Geschichte erzählen, sei sie nun heroischer oder romantischer Natur. Anet (*oben links*) ist ein Meisterwerk französischer Architektur der Renaissance aus dem 16. Jahrhundert, das König Heinrich II. von Frankreich für seine schöne Geliebte Diane de Poitiers in der Ile de France erbauen ließ.

1554 bemerkte der englische Botschafter über Anet, es sei »mit so kostbaren und prächtigen Gegenständen angefüllt, daß er niemals zuvor dergleichen gesehen hätte«. Der Torbau der Anlage greift in der Außenansicht das Motiv des Triumphbogens auf. In jenen Tagen war in das Bogenfeld des mittleren Bogens das Relief von Benvenuto Cellini »Diana als Jägerin« eingelassen, das sich heute im Louvre befindet; eine Kopie gibt jedoch den historischen Eindruck wieder.

Vaux-le-Vicomte (*rechts*) in der Ile de France wurde Mitte des 17. Jahrhunderts von dem märchenhaft reichen Nicolas Fouquet, Finanzminister des jungen Ludwig XIV., erbaut. Dieses Juwel der Architektur des französischen klassischen Barock liegt in einem Park, der seinerseits das schönste Beispiel »hydraulischer Architektur« darstellt. So nannten die Baumeister und Künstler der Zeit die harmonische Synthese von Architektur, Landschaftsgestaltung und bildender Kunst. Von nun an bestimmten die weiten Perspektiven einer geometrisch geordneten Landschaft die französische Gartenkunst. Leider brachte Vaux-le-Vicomte seinem Besitzer kein Glück. Er beging nicht nur den Fehler, ein allzu prächtiges Einweihungsfest zu geben, sondern erkühnte sich auch noch, Ludwig XIV. einzuladen. Der König, der gerade sein eigenes Geschirr hatte einschmelzen lassen, um die Schulden des 30jährigen Krieges zu bezahlen, raste vor Wut über diese Zurschaustellung maßlosen Reichtums. Kurz darauf ließ er Fouquet absetzen, verhaften und seiner gesamten Güter enteignen. Fouquet starb im Gefängnis unter mysteriösen Umständen. Ludwig XIV., der das Recht zu königlicher Prachtentfaltung nur sich selbst zusprach, nahm bald darauf den Bau der prächtigsten aller königlichen Residenzen in Angriff: Versailles. Zur Durchführung dieses Plans sicherte er sich die Mitarbeit eben jener Künstler, die auch das Juwel Vaux-le-Vicomte geschaffen hatten.

Das kleine Schlößchen aus dem 15. Jahrhundert (*oben rechts*), das mit seinen konischen Türmen und buntglasierten Schindeln auf das burgundische Dorf La Rochepot blickt, wurde von dem Ritter Régnier Pot auf dem Gelände einer zerstörten Festung errichtet. Während der Revolution wurde es geschleift und blieb Ruine, bis es zu Beginn dieses Jahrhunderts von M. Sadi Carnot, dem Sohn des 1894 von einem Anarchisten in Lyon ermordeten »Ersten Präsidenten der Republik«, wiederhergestellt wurde. Zu Füßen des Châteaus liegen die berühmtesten Weinberge des Distrikts – die Hautes Côtes de Beaune.

»Ackerbau und Viehzucht – das sind die beiden nährenden Brüste Frankreichs«, sagte Minister Sully seinem König Heinrich IV. zu Beginn des 17. Jahrhunderts. Alle französischen Schulkinder kennen diesen berühmten Ausspruch, der gewöhnlich mit einem Kichern zitiert wird. Und er hat sich auch jahrhundertelang bewahrheitet: Selbst heute noch werden 60 Prozent des gesamten Bodens landwirtschaftlich genutzt.

Vom Zug aus gesehen entfaltet sich die Landschaft als faszinierendes Endlos-Muster. Unabhängig von den Jahreszeiten läßt sie stets eine Vielzahl von Zeichnungen und geometrischen Linien erkennen, die sich in klein- oder großgemusterten Mosaiken wie ein Puzzle aneinanderreihen, je nachdem, wie es die Einteilung der Äcker bedingt. Kleine Straßen und Wege durchschneiden oder säumen diese strengen oder trunkenen Schachbrettmuster, die besonders zahlreich im Süden sind: ein von den Römern hinterlassenes Erbe. Diese abstrakten Muster sprechen von einer umfassenden Kultivierung durch den Menschen; das Land ist ein bedeutender Erzeuger von Getreide, Früchten, Gemüse, Zuckerrüben und Tabak. Eine besonders wichtige Rolle aber kommt dem Wein zu. Die Rebstöcke benötigen viel Sorgfalt und Sachkenntnis und werden das ganze Jahr hindurch mit Liebe gehegt und gepflegt. Im Winter überziehen die kupierten schwarzen Weinstöcke in sauberen Reihen die Erde wie eine Schrift, die das Versprechen auf neues Wachstum, eine neue Ernte und einen neuen Wein in sich birgt.

Oben links: Weingärten im Elsaß

Mitte links: Beim Anbau von Melonen helfen reflektierende Folien, die Wärme und die Feuchtigkeit im Boden festzuhalten.

Unten links: Lavendelfelder im Winter in der Nähe des Mont Ventoux in der Provence

Rechts: Junge Rebstöcke in der Nähe von Ludes in der Champagne

Bevor die Methoden des modernen Wohnungsbaus weltweit eingeführt wurden, baute man überall seine Häuser aus den Materialien, die an Ort und Stelle verfügbar waren und von der Natur geliefert wurden.

Da Frankreich eine immense Vielfalt von Bodenformationen und natürlichen Materialien aufzuweisen hat, kommt es häufig vor, daß die Häuser eines Dorfes sich von den Häusern des Nachbarortes frappierend unterscheiden. Manchmal genügt es, einen Fluß zu überqueren oder einen Hügel zu erklimmen, um den Grund für derartige Diskrepanzen zu erkennen: So sieht man z.B. deutlich, wie das weiche, weiße Gestein des Loire-Tales, das so gut mit dem Schiefer und den Silberpappeln von Anjou harmoniert, einem härteren und dunkleren Felsgestein weicht, sowie das Land sich anzuheben beginnt. Dort werden dann auch die Wälder dichter, Kastanienbäume treten auf, und das Gras wächst üppiger.

Das rosafarbene Granitgestein eines bretonischen Dorfes fügt sich harmonisch in die rötlich schimmernde Heide seiner Umgebung; in der benachbarten Normandie dagegen bevorzugt man eine andere Bauweise, die den Gegebenheiten dieser Landschaft entspricht: viel Holz an den Gebäuden und die Dächer gedeckt mit dem Stroh der nahegelegenen Felder.

Unten im Süden, an den Ausläufern der Alpen, findet man wiederum Gebäude aus Stein. Sie sind hier gewöhnlich mit Rauhputz bedeckt, der aus dem Boden der Region stammt; diese Erde liefert auch das Rohmaterial für die gewölbten Dachziegel.

Oben links: Die Kapelle d'Eygalières in der Provence

Mitte links: Bäuerliches Gehöft bei St Léonard de Noblat im Limousin

Unten links: Ein Haus in der Nähe von Beynac in der Dordogne

Rechts: Schulhaus bei Garentreville in der Ile de France

Die vielfältigen Gesteinsarten und Mineralien, die im Boden der verschiedenen Landstriche Frankreichs enthalten sind, schaffen von Ort zu Ort wechselnde Farbeindrücke. Im Morvan zeigen die Wege und Landstraßen die rosa Tönung des Granits, während in der Auvergne und in der Bretagne das Silbergrau vorherrscht; die Fußwege in den Landes dagegen leuchten sandgelb. Im Herbst schimmern die umgepflügten Äcker in den seltensten Braun- und Ockertönen, und im frühen Sommer bietet ein Spaziergang durch die wogenden blauen Lavendelfelder in den Hügeln des Drôme unvergeßliche Eindrücke.

Ungeachtet der Einführung moderner landwirtschaftlicher Methoden ist das Land in vielen Gegenden Frankreichs noch in kleine Parzellen aufgeteilt. Hier kann die Natur ihre Farben wirkungsvoll zur Geltung bringen, und es entstehen Bilder von faszinierendem Reiz.

Links: In der Provence – Rebland im Spätsommer

Oben: Im Elsaß – Apfelbaum im Rapsfeld

Unten: In der Provence – Olivenbaum im Lavendelfeld

Wilde Blumen oder Feldblumen blühen in der französischen Landschaft in verschwenderischer Fülle.

Die Kornblumen (*oben links*) wirken zart und romantisch, sie zeigen aber auch das Blau der französischen Trikolore, das sich ebenso auf den Pakkungen der berühmten »Gauloises«-Zigaretten wiederfindet. Weiß wurde einst durch die königliche bourbonische Lilie symbolisiert, heute ist die Margarite das Sinnbild dieser Farbe (*Mitte links*). Sie ist die Blume, mit der junge Leute das alte Spiel betreiben: »Sie liebt mich – von Herzen – mit Schmerzen – ein wenig – oder gar nicht«.

Die Mohnblumen (*unten links*) überfluten mit ihren roten Blüten manchmal ganze Kornfelder. Sie erinnern an das vergossene Blut auf den nördlichen Schlachtfeldern der Somme, der Marne und der Meuse.

Orangenblüten, Veilchen, Akazienblüten und Kapuzinerkresse sind nicht nur eine Augenweide, sondern auch ein Labsal für Nase und Geschmacksnerven. Felder mit riesigen Sonnenblumen (*rechts*), die van Gogh so sehr liebte, wurden einst als Viehfutter angebaut, heute jedoch verwendet man sie zur Herstellung eines leichten Speiseöls.

In ganz Frankreich liebt man Blumen über alles; auf dem Dorf hat jedes Haus seine Stockrosen entlang der Zäune und Mauern, und viele Städte »schreiben« für die Touristen ihre Namen »in Form von Blumen«. Eine freundliche Geste, die aber nicht immer Gefallen findet. Das Maiglöckchen hat sein eigenes Fest, das am 1. Mai, dem Tag der Arbeit, gefeiert wird. Dann stehen die jungen Leute in aller Frühe auf, um Sträußchen davon als Ansteckblumen zu sammeln und zu verkaufen.

Nichts jedoch kommt der Flora des Mittelmeerraumes gleich. Selbst im Winter bedecken leuchtend gelbe Mimosen die Hügel im Süden, und im Sommer sind die Felder um Grasse herum gesättigt von den Farben und Düften der Blumen, die hier zu dem weltberühmten Parfüm verarbeitet werden.

Die Touraine ist als Garten Frankreichs bekannt und kann sich zahlreicher gärtnerischer Höhepunkte rühmen, der Renaissance-Garten des Château von Villandry aus dem 16. Jahrhundert aber ist zweifellos einer der schönsten. Er gliedert sich in drei Ebenen: Auf der niedrigsten liegt der Küchengarten, der jede nur denkbare Gemüsepflanze enthält, die es zur damaligen Zeit in Frankreich gab. Auf der mittleren Ebene befindet sich der Ziergarten mit seinen leuchtenden ornamentalen Blumenbeeten, deren Motive die vier Charaktere der Liebe veranschaulichen. Auf der obersten Ebene ist der Wassergarten angelegt, mit einem Bassin in der Mitte und umgeben von Lindenalleen, daran anschließend der Obstgarten. Diese prachtvolle Anlage war das Werk italienischer Gärtner, die König Karl VIII. von einem Feldzug nach Italien mitgebracht hatte. Politische

Erfolge waren ihm aus dieser Unternehmung nicht vergönnt – ursprünglich wollte er seine Rechte auf das Königreich Neapel geltend machen –, aber das Resultat des Zuges wurden die italienisch inspirierten Gartenanlagen, die gleichzeitig Ausdruck französischer Gartenkunst sind.

Im Laufe der Zeit war das Gartenwunder von Villandry großen und zum Teil verheerenden Veränderungen ausgesetzt – hauptsächlich der Mode zuliebe. Anfang 1800 wurden die Anlagen rigoros umgegraben und in einen romantischen Englischen Garten verwandelt. Glücklicherweise kaufte 1906 ein kunstbegeisterter spanischer Privatmann das Schloß und renovierte es im Sinne des 16. Jahrhunderts. Heute können wir den Garten von Villandry wieder in seiner ursprünglichen Schönheit genießen.

Jedes Jahr zu Beginn der Sommersaison – die im Prinzip von Mitte Mai bis Mitte Oktober dauert – ziehen 1300 Bäume und Bäumchen aus ihrem Winterquartier, der königlichen Orangerie in Versailles, hinaus in die Gartenanlagen des Parks, wo sie den Sommer verbringen. Ihr Winteraufenthalt, Ende des 17. Jahrhunderts von einem der größten Architekten der Zeit, Jules Hardouin-Mansart, erbaut, ist ein ausladendes und nüchternes Gebäude im französischen Barockstil mit einer zentralen 150 Meter langen Galerie.

Über dem riesigen Gebäude und seinen Wintergästen thront eine Statue Ludwigs XIV., dessen Abbild man in Versailles auf Schritt und Tritt begegnet. Hier hat der Monarch während der Wintermonate einen üppigen Wald grüner Pflanzen vor Augen, der jedoch nicht nur, wie man eigentlich erwarten würde, aus Orangenbäumchen besteht, sondern auch Palmen, Granatapfel- und Eukalyptusbäume umfaßt. Der älteste Pflegling der Orangerie ist ein über 300 Jahre alter Orangenbaum – er zählt ebenso viele Jahre wie das Gebäude, das ihn beherbergt. Die Orangen, die er trägt, sind schön anzusehen, schmecken aber allzu bitter, als daß man sie gerne essen möchte; das gleiche trifft auch für die Früchte seiner Orangenbaum-Genossen zu.

Während des Winters fungieren die Gärtner der Orangerie auch als Gastgeber für eine Menge Pfleglinge aus Paris: die Orangenbäume aus den Gärten des Elysée-Palastes. Es ist eine generalstabsmäßige Operation, diese Saison-Gäste rechtzeitig in die schützenden Räume zu bringen, bevor die Nachtfröste einsetzen, und sie dann im Frühling wieder zurückzutransportieren. Dieser Feldzug fällt in den Aufgabenbereich der Armee – was für ein hübscher und befriedigender Gedanke, daß sie zur Abwechslung auch einmal etwas Schönes und Nützliches tut!

Natürlich ist die Côte d'Azur längst nicht mehr das, was sie einmal war, und viele Menschen finden das mit Recht deprimierend – aber ihre alte Anziehungskraft hat sie dennoch nicht verloren. Mag sich auch vieles gewandelt haben, einige ihrer Hauptattraktionen sind unverändert und unzerstört geblieben: Da ist zum einen der klare azurblaue Himmel, den der regelmäßig aus dem Norden blasende Bergwind Mistral blankputzt und frei von Wolken hält. Da ist aber auch das alles durchflutende starke Licht, das zu diesem Himmel gehört und das die Konturen der Gebäude zum Flirren bringt. In meinen Augen sind die Häuser dort aus Vanilleeis gemacht und dann mit einfachen Grundfarben angepinselt worden. In der sie umgebenden lichten Aura lösen sich ihre Farben zunehmend auf und verschmelzen mit der Landschaft: ein impressionistischer Traum! Kein Wunder, daß die ewige Sehnsucht der Menschen nach Licht, Wärme und sorglosem Leben eines ihrer Ziele in der Côte d'Azur sieht.

Unter einer perfekten mediterranen Idylle stelle ich mir ein Zimmer mit Blick aufs Meer vor mit weißen Wänden und einem Terrakotta-Fußboden, auf den durch die halbgeöffnete Jalousie einige schräge Sonnenstrahlen fallen. Das riesige Bett ist mit weißen Baumwollbezügen versehen ...

Der provenzalische Küstenabschnitt beginnt mit der Küste der Calanques. So nennt man die fjordartigen malerischen Buchten, tief ins steinige Festland eingeschnitten, dessen hohe Klippen und Felsvorsprünge sich von Marseille bis Toulon erstrecken. An diese Küste schließt sich die Côte des Maures an, wo sich das Gesicht der Landschaft deutlich verändert: die sanften Hügelketten des Massif des Maures, einst von den Mauren beherrscht, sind dunkel bewaldet und an der höchsten Erhebung nicht ganz 800 Meter hoch; an dieser Küste liegen der natürliche Hafen von Bormes und die Bucht von St Tropez. Es folgt die Côte de l'Esterel mit ihren purpurnen Porphyrhügeln, die über dem tiefblauen Mittelmeer emporragen. Auf dem Weg von Cannes nach Nizza verliert die Küste immer mehr an Wildheit, bis sie sich schließlich zwischen Nizza und Ventimiglia am Fuß der Alpenkette, gesäumt von der prachtvollen Küstenstraße – der berühmten Route des Trois Corniches –, zur eigentlichen französischen Riviera hin weit öffnet.

Rechts: Blick von einem der Tempel des Tourismus, dem Carlton in Cannes

Oben: Die Klippen des Massivs von Puget zwischen Marseille und Cassis

Mitte: Die Romantik des Mittelmeers

Unten: Werbeplakat für Sainte-Maxime an der Côte d'Azur

An der Côte d'Azur findet man einfach alles: höchste Eleganz, geistreiche Vornehmheit wie auch schlimme Vulgarität. Die beherrschenden Eindrücke aber sind nach wie vor ein tiefblauer Himmel, strahlender Sonnenschein, exquisite Villen, von Blumen überquellende Gärten und Kilometer auf Kilometer Betonpflaster.

Cannes ist ein Juwel unter den Orten an dieser Küste und hat sich durchaus einen Hauch von Exklusivität bewahrt. Dort hatte ich auch ein kleines Erlebnis, das für mich die Quintessenz von Noblesse und zurückhaltender Selbstsicherheit verkörperte. Ich saß gerade in einem Straßencafé und konnte beobachten, wie ein gutaussehender junger Mann und ein schönes junges Mädchen aus einer luxuriösen Jacht kletterten und sich in einem kleinen Bistro an Land niederließen. Es war zwei Uhr mittags und sie bestellten einen ganzen Camembert und eine Flasche Wein; beides teilten und aßen sie mit einer gewissen feierlichen Gelassenheit. Dann kehrten sie auf die Jacht zurück. Es war so einfach und so stilvoll und so selbstverständlich.

Cannes war nur ein kleines Fischerdorf, ehe es 1834 vom vormaligen Schatzkanzler Lord Brougham ent-

deckt wurde. Er zog kurz darauf zahlreiche andere einflußreiche und wohlhabende Engländer nach Cannes. Die Croisette und das Hotel Carlton wurden am Ende des 19. Jahrhunderts gebaut; seit 1946 finden alljährlich die Filmfestspiele in Cannes statt. Dann wird die Stadt mit einer Flut von exzentrischen Leuten aus dem Showbusiness im allgemeinen und der Filmbranche im besonderen überschwemmt.

Die Côte d'Azur ist nicht nur *der* elegante Badeort, an dem man gesehen werden muß, sie ist auch das klassische Ferienziel für Urlauber aus ganz Frankreich, die die Strände zu Tausenden belagern, um in der Sonne zu rösten, sich auf überfüllten Zeltplätzen drängen und die umliegenden Dörfer und Städte überfüllen. Die örtliche Schickeria hingegen zieht sich während des Höhepunktes der Ferienzeit auf ihre gepflegten Besitztümer zurück.

Gegenüberliegende Seite:
Links: Ich weiß, es ist unhöflich, eine Dame anzustarren, aber hat denn niemand wenigstens einen Blick für mich übrig?

Rechts: Die Seepromenade in Cannes

Diese Seite:
Oben: In St Tropez wird kurz Anker geworfen, um einen kleinen Drink zu nehmen.

Unten: Wie schön könnte man spazierenfahren, wenn der Verkehr nicht wäre... Autostau in Cannes!

Es gibt noch viele Menschen, die das Glück hatten, St Tropez vor seiner »Entdeckung« für den Massentourismus zu erleben, als es noch – ebenso wie einst Cannes – ein idyllisches kleines Fischernest war. Ihren persönlichen Erinnerungen an diese Zeit sind meist romantische Bilder und kleine Episoden beigemischt – sie denken an die Terrasse von Sénnéquier, die kleinen Restaurants am Kai, wo man Rosé de Provence zu trinken und Bouillabaisse zu essen pflegte, an die hübschen jungen Dinger, die dort flanierten. Man erinnert sich an Segelboote und Jachten, an warme Sommernächte und die ersten Zeichen von Luxus.

In jenen Tagen brauchte man nicht viel Geld, um die Sonne und das Meer im malerischen St Tropez zu genießen, es war noch nicht zum Aufenthaltsort für die Schönen und Reichen geworden. Mit seinen Häusern in Ocker, Weiß und Rosa, den mit Lorbeer-, Jasmin- und Geißblatthecken eingefaßten Gärten und seiner Zitadelle, von der aus man einen wundervollen Blick über die Bucht genoß, stand diese »Perle der Blauen Küste« jedermann, der sich an ihrem Anblick erfreuen wollte, offen. Heute jedoch scheint alles zur Kulisse einer Theateraufführung zu erstarren. Obwohl die schönen Strände, die gute Küche, die Mode und die Erotik immer noch präsent sind, herrscht eine gekünstelte Atmosphäre, die sich grundlegend von der Stimmung unterscheidet, die in den Tagen eines Signac, Matisse und Bonnard geblüht hatte, als diese Maler, angezogen von den herrlichen Farben, hierher zum Arbeiten kamen.

St Tropez ist ein Schmelztiegel für Modetrends und ein Treibhaus der Ideen für die Designer des »prêt-à-porter« geworden. Tagsüber herrscht überall quirliges Leben, und nachts versucht man vergeblich, zum Sound von tausend Diskos in den Schlaf zu sinken. Ein vitaler, moderner und faszinierender Ort, furchtbar und wunderbar zugleich.

Frankreich ist von vier sehr unterschiedlichen Ozeanen umgeben: der Nordsee, dem Ärmelkanal, dem Atlantik und dem Mittelmeer. Aus der Mannigfaltigkeit ihrer Eigenschaften erklären sich die bildhaften Namen der verschiedenen Küstenabschnitte: die Côte d'Opale mit ihren zwei Landspitzen Blanc Nez (*rechts*) und Gris Nez, die Côte d'Albâtre mit den imposanten Klippen von Etretat, die Côte de Grâce, die bis zu dem schönen Hafen Honfleur reicht, die Côte Fleurie, geschmückt mit den Orten Trouville (*oben Mitte*) und Deauville, die Côte d'Emeraude, die bei der antiken Seeräuberstadt St Malo ihren Anfang nimmt und sich bis nach Finistère fortsetzt (*ganz oben*), die Côte d'Amour um La Baule, die Côte de Jade gegenüber der Insel Noirmoutiers, die Côte d'Argent (*oben*) bei Biarritz und die Côte d'Azur.

Sobald der Sommer ins Land zieht, leeren sich wie durch Zauberhand die großen Städte, und ein Großteil ihrer Einwohner strömt an die Küste und in die Küstenorte, deren Einwohnerzahl sich mit einem Schlag fast verdoppelt, ja manchmal sogar verzehnfacht. Anhänger von Le Touquet und Dieppe lassen sich von der dort herrschenden frischen Brise, dem kühlen Wetter und dem kalten Wasser keineswegs abhalten, und auch die Normandie-Begeisterten, die von den feinen Sandstränden schwärmen, wie sie sich hinter Deauville und Trouville entlangziehen, haben keine Angst vor dem typi-

Oben: Boulogne

Unten: La Tremblade

schen Nieselregen »ihrer« Gegend. Die Landschaft der Bretagne im Westen mit ihren kleinen Bächen und weiten Stränden, die von Granit- und Schieferfelsen unterbrochen sind, ist wilder und ursprünglicher. Den Touristenbroschüren zufolge hält der nahe Golfstrom die Nordküste am Ärmelkanal warm, aber davon ist nicht jeder überzeugt – außer vielleicht an sonnigen Tagen.

An der Atlantikküste ist das Wasser wärmer, so z. B. im Golf von Morbihan, auf den kleinen Inseln von Noirmoutiers, Ré, Oléron und im Bassin d'Arcachon. Weiter im Süden wird das Meer rauh und stürmisch, und entlang der Landes ist es zum Baden grundsätzlich zu gefährlich. Erst im Baskenland, um Biarritz herum, wird es wieder sanfter.

Oben links: Honfleur

Oben rechts: Ile de Ré

Unten rechts: Deauville

Unten links: Biarritz

Oben: Auf den Strand gesetzte Trawler in Loctudy in der Bretagne

Unten: Austernzucht im Bassin d'Arcachon in der Gironde

Gegenüberliegende Seite: Fischer aus der Gegend von Nantes mit selbstgefertigter Fischreuse zum Fang der aalähnlichen Neunaugen

An den französischen Küsten ist die Fischerei seit Jahrhunderten ein blühendes Gewerbe, denn die Fischgründe dort sind reichhaltig. Ziel und Zweck der Fischerei war ursprünglich nur, die Küstenbevölkerung selbst zu ernähren. Durch die modernen Frischhalte- und Fangmethoden und mit der Einführung der Schleppnetzfischerei hat sich dies inzwischen jedoch völlig gewandelt.

Frankreichs bedeutendster Fischereihafen ist Boulogne-sur-Mer, gefolgt von Dieppe, Fécamp und Cherbourg in der Normandie, St Malo, Roscoff, Douarnenez, Concarneau, Guilvinec und Lorient in der Bretagne, La Rochelle in der Vendée und St Jean de Luz im Baskenland, nahe der spanischen Grenze.

Die kalten Gewässer der Nordsee und des Ärmelkanals liefern Heringe und Makrelen. Vom Atlantik kommen Seezunge, Hechtdorsch, Steinbutt und Wittling (Weißfisch). Wollen die Fischer Kabeljau fangen, müssen sie ihre Boote bis in die Gewässer Norwegens oder Grönlands steuern. Die Sardine lebt in wärmeren Bereichen und wird vor allem in der südlichen Bretagne, der Vendée und Aquitanien gefischt, während der Thunfisch von weit her kommt, nämlich aus Afrika.

Nicht zuletzt sind die Meeresfrüchte zu nennen: Krabben, Garnelen, Krebse, Langusten und unzählige weitere Arten von Schalentieren. Die wichtigste Rolle unter den Schalentieren spielt die Auster, die heutzutage kommerziell gezüchtet wird. Man kultiviert sie auf sogenannten Austernbänken auf Felsen entlang der Küste von der Bretagne bis zu den Pyrenäen und verkauft sie von zahllosen Ständen aus an die Städter.

Ein Lastkahn, der langsam mit der Strömung schwimmt, hat etwas ungemein Französisches. In den französischen Filmen der Vorkriegszeit sieht man häufig diese malerischen Szenen.

Ebenso wie das Straßensystem hat auch das Wassernetz seine großen »Autobahnen«: Das sind die vier großen Flüsse, die das Wasser von Tausenden von Zuflüssen, Strömen und Kanälen in sich aufnehmen und in die vier verschiedenen Ozeane leiten. Die Seine gleitet sanft und ruhig dahin und ist fast in ihrer gesamten Länge schiffbar. Die romantische Loire ist mit über 1000 Kilometern der längste französische Fluß. Bei Ebbe werden an ihrem Unterlauf riesige Sandbänke sichtbar, die jedoch in ständiger Wandlung begriffen sind, denn zweimal täglich strömt die Flut des Atlantischen Ozeans in ihrem Bett bis jenseits von Nantes und dann wieder zurück ins Meer. Die Hochwasser der Garonne sind gefürchtet. Ihre den Gezeiten ausgesetzte Trichtermündung, die Gironde, die sie unterhalb von Bordeaux mit der Dordogne bildet, erinnert an einen großen Meeresarm, der von der See ins Land hineingreift. Und die mächtige Rhône, die im Herzen der Alpen entspringt, ist auf ihrem Weg ins Mittelmeer Frankreichs Hauptproduzent und -lieferant von Energie.

Fast alle großen Städte Frankreichs entstanden an diesen Flüssen oder ihren Nebenflüssen: Paris, Rouen und Le Havre an der Seine; Orléans, Tours, Angers und Nantes an der Loire; Toulouse und Bordeaux an der Garonne und Lyon, Avignon und Marseille an der Rhône. Schon vor vielen Jahrhunderten haben die Menschen daran gearbeitet, ihre Wasserstraßen schiffbar zu machen; der erste Fluß, der durch Schleusen reguliert wurde, war La Vilaine in der Bretagne – und zwar bereits zwischen 1539 und 1585. Später wurden die Flüsse durch künstlich angelegte Kanäle verbunden, von denen einige im Lauf der Zeit selbst zu Flüssen wurden.

Ein Lastkahn auf einem Loire-Kanal

DG.
DG.

LOUERRE
D 156
Ic 32
ROUTE
BARRÉE

Rechts: Diese Szene auf dem Wasser gibt uns Einblick in eine bezaubernde Gegend im Poitou: »Marais Poitevin«, eine Moorlandschaft, deren Wiesen von Pappeln, Eschen und Erlen gesäumt sind. Der Marais oder Sumpf ist in alter Zeit aus einem riesigen Golf entstanden, der mit Inseln durchsetzt war und sich bis nach Niort erstreckte. Im Lauf der Zeit verschlammte und versandete er, und im Mittelalter begannen die Mönche der Abtei Maillezais, das Gebiet trockenzulegen und zu kultivieren.

Gegenüberliegende Seite: Oben links: Eine grüne Weide mit Kühen am Fluß Saire in der Normandie

Oben rechts: Der Ort Falloires, malerisch an die Ufer des Sees von Annecy geschmiegt

Mitte links: Der Fluß Sioule zieht eine Mäanderschleife, den »Méandre de Queuille« in der Auvergne.

Mitte rechts: Der Fluß Lot in Cajarc, ein Dorf, das der frühere Präsident Pompidou sehr liebte

Unten links: Die Loire bei Hochwasser in Le Thoureil, einer charmanten kleinen Stadt zwischen Saumur und Angers

Unten rechts: Geruhsamer Nachmittag an der Rhône

Nicht jede idyllische Brücke weiß Geschichten von Liebe oder Krieg zu erzählen. Von der hier gezeigten, die über den Canal du Midi führt, gibt es keine historischen Überlieferungen.

Andere sind auf vielfältige Weise mit der Geschichte Frankreichs verbunden, wie z. B. die Brücke von Beaugency im Bild. Sie ist gotischen Ursprungs und war bis in die moderne Zeit der einzige Übergang über die Loire zwischen Orléans und Blois. Im siegreichen Kampf der Jungfrau von Orléans um die französische Krone, die sie für den Dauphin zurückeroberte, spielte sie eine große Rolle.

Pont Valentré hat eine wundervolle Brückenstruktur aus dem 14. Jahrhundert im gotischen Stil. Ihre drei Bögen sind von zwei Wehrtürmen beherrscht.

Noch älteren Ursprungs ist der Pont du Gard in der Nähe von Nîmes, der 19 v. Chr. von Agrippa, Schwiegersohn des römischen Kaisers Augustus, erbaut wurde. Er ist sowohl eine Brücke als auch ein Aquädukt und leitete Wasser auf einer Strecke von über 50 Kilometer aus einer Quelle bei Uzès nach Nîmes, eine römische Kolonie, die damals in hoher Blüte stand und deren herrliche Arena heute noch steht. Die Brücke ist über 50 Meter hoch und besteht aus 3 Stockwerken; das erste hat 6 Bögen, das zweite 11 und das dritte 22. Der Pont du Gard ist eines der schönsten Vermächtnisse Roms an Gallien.

EXPOSITION UNIVERSELLE
For the lovers of real French Cooking
Here are five addresses, famous among others
L'ESCARGOT
Ses Escargots
LAPRÉ
Poularde Lapré
LA TOUR D'ARGENT
Son Canard
BEAUCÉ
Rognons Beaucé
Hôtel Roblin, 6, r. Chauveau
Hôtel San Regis, 12, r. Jean
1926-27
How to ENJOY PARIS
A Guide-book of a New Kind for the Discriminating
LIPP
Le Cocher poli
Chanson Monologuée
par
BOUR
à la Sca
et
CHAMB
à Ba-ta-c
BOURGES
CHAMBOT
Musique de
GUÈTEVIL
de l'Echiquier, Paris
André
Filet de lotte gratiné "maison" 13.00
Truite soufflée fines herbes 11.00
meunière p. vapeur 14.00. Rouget grillé beurre fondu 9.50
Merlan frit et citron 7.00
1/2 Coquelet rôti en cocotte, cèpes à la bordelaise 9.75
Foie de veau poché à l'anglaise, p. vapeur 15.00
Gigot d'agneau rôti aux haricots verts 12.00
Carré de veau braisé, choux fleurs au gratin 12.00
Côte de boeuf grillée Béarnaise (2) 40.00
Brochette de rognons de veau grillés 15.00
Choucroute garnie "Spéciale maison" 11.00
Tête et langue de veau sauce gribiche 9.75
Andouillette de pays grillée pommes 9.00
Pied de porc entier garni frites
1/4 Poulet rôti pommes frites et cresson
Filet de boeuf grillé beurre Bercy
Faux filet grillé ou poêlé Marchand de vin
Gigot ou veau froid h. verts en salade
Assiette anglaise salade verte
1/4 Poulet rôti, froid salade de s
Asperges vinaigrette
Le plateau de fromages
Pendule
1 Foie gras 150
1 escargot 85
3 coquilles 420
2 Agneaux 300
2 Poulets
Desserts
Cafés
126
76
28
230
34
2650
GRAND HOTEL
OLD ENGLAND
MOËT et CHANDON à Epernay
Fondée en 1743
Champagne
Cuvée Dom Pérignon
Rosé
Vintage 1978
75cl
LOUIS VUITTON
MALLETIER A PARIS
MAISON FONDÉE EN 1854
PARFUM
N°5
CHANEL
PARIS
JACQUET
Couture Mode
Fourrures Lingerie
40 RUE MARBEUF
Paris
CAVAL
Le chemisier
coupe et essaye
Rue de Penth
MUSÉES NATIONAUX
ENTRÉE
RESTAURANT
A L'AMI LOUIS
S.A.R.L. "LES AMIS DE L'AMI LOUIS"
32, Rue du Vertbois, PARIS-3e
Téléphone : 48 87 77 48

sonnerie
de Père en Fils
MARCHÉS : Place des Fêtes - PARIS 19ème
CHARENTONNEAU Mercredi,
ASSOCIATION GNOSTI
D'ETUDES D'ANTHR
ET SCIENCES
ATOM-BOMBEN-TESTS
GREENPEACE
NEIN
HIROSHIMA
RATP
SECTION URBAINE
RER METRO
PASSION FODDER
fat tuesday
SEXUALIT
SACREE
BRIELI - BACH - BRAHMS
TRAVINSKI - POULENC
mple des Billette
24, rue des Archives, Paris 4ème
Places : 90 F - Tarif réduit : 70
Tél. 43
HRS.
DIAPOSITIVES
PLAN DU METRO
GAULOISES
CAPORAL
20 CIGARETTES
GAULOISES
DE ST-LAZARE 2° ETA
M° ST-LAZARE)
-TEL.:43 21 88 1
21 13
AYET
Jeudi 12 février à 15h et 19h30
LES ATELIERS DE L'HOMME GLOBAL
Nouvelle Acropole 5,rue largillière 75016 Paris M°Muette

PARIS

Als ich Mitte der fünfziger Jahre zum ersten Mal mit meiner Freundin nach Paris reiste, war das keineswegs so selbstverständlich und normal wie heutzutage, sondern ein wagemutiges Unterfangen, zumal wir ohne jede Planung einfach ins Ungewisse fuhren. Glücklicherweise hatte ich in Paris einige englische Bekannte, mit deren Hilfe wir uns in einem billigen Hotel einquartierten – es war zwar voller Wanzen, wie von einer so einfachen Unterkunft nicht anders zu erwarten war, aber wir fanden es dennoch wunderbar. Es lag in der Rue des Beaux Arts, hieß seinerzeit »Hôtel d'Alsace« und hatte eine interessante Vergangenheit: Ursprünglich wohl von Claude Nicolas Ledoux, dem großen Architekten des 18. Jahrhunderts, als Liebesnest erbaut, wurde es später, 1900, zur letzten Zuflucht für Oscar Wilde, der hier, gebrochen und mittellos, starb.

Kaum in Paris angekommen, begannen wir auch schon in der Stadt herumzustreifen und die kleinen Straßen, versteckten Plätze und alles Neue, was sich dem Auge bot, zu erkunden. Die imponierenden Boulevards, die von Haussmann angelegt worden waren, um Paris das Gesicht einer modernen Weltstadt zu geben, wirkten auf mich eher deprimierend als interessant. Aber sobald ich mich von ihrer dominierenden und statischen Präsenz befreite, fand ich alles andere faszinierend. Am meisten hatten es mir das linke Seine-Ufer und das Marais-Viertel angetan. In diesen Gegenden leuchten heute Türen und Toreinfahrten im Glanz frischer Farben, damals aber blätterte die Farbe auf eine höchst malerische Art und Weise ab und schuf Impressionen von besonderem Reiz. Die gedämpfte Neutralität der Farbgebung gefiel mir über alle Maßen; sie zeigte sich im sanften Grau der Steine wie im Zinkgrün der Dächer. Seit der damalige französische Kultusminister André Malraux in den sechziger Jahren die Reinigung aller Fassaden anordnete, kann man die ursprüngliche Tönung der Steine – ein herrliches honigfarbenes Beige – erkennen. Paris ist dadurch heller geworden. Auch bei Nacht ist Paris ein Erlebnis an Helligkeit und Glanz, seine Gebäude sind in ein faszinierendes Lichtermeer getaucht. Paris ist nun einmal die schönste Stadt der Welt – Venedig allenfalls ausgenommen.

Und dann die Seine! Als ich zum ersten Mal in Paris war, spielte sie im Leben der Stadt eine weit größere Rolle als heute – damals existierte eine richtige Flußkultur. Was mir sofort auffiel, waren die vielen Fischer; man traf sie überall, aber nie schien ein Fisch anzubeißen. Und mitten im Fluß thronten die Ile de la Cité und die Ile St Louis – eine richtige Stadt in der Stadt.

Die Métro ist bemerkenswert ideenreich ausgebaut und erneuert worden, was ich aber heute vermisse, ist der typische Métro-Geruch, der mir bei meinem ersten Aufenthalt so stark aufgefallen war – es gibt ihn nicht mehr.

Noch ein Wort zu den Neuerungen und modernen städtebaulichen Projekten: Ich habe nichts gegen das neue Satelliten-Viertel »La Défense«; das Areal hinter den Champs Elysées und der Avenue de la Grande Armée, auf dem es errichtet wurde, eignete sich so gut wie jedes andere dafür. Aber wie die Behörden es gestatten konnten, den Tour Montparnasse in die Höhe zu ziehen, ist mir unverständlich.

Die gegen den Protest der Bevölkerung abgerissenen alten Halles von Baltard mit ihren wunderbaren Metallkonstruktionen fehlen mir sehr. Hier sind seit dem Mittelalter gewachsene Strukturen zerstört worden, die man vielfältig hätte nutzen können. Was die Pyramide für den Louvre angeht, nun, da bin ich mir nicht so ganz schlüssig. Als der Arc de Triomphe gebaut wurde, haben ihn zweifellos auch viele Menschen für ein Monstrum gehalten, und der Einfall, den Eiffelturm zu errichten, war ja nun wirklich völlig verrückt – heute ist er aus Paris nicht mehr wegzudenken, sein Fehlen wäre geradezu ein Unglück. Man soll neuen Ideen und Entwicklungen gegenüber aufgeschlossen sein – sie müssen nur mit etwas Fingerspitzengefühl umgesetzt werden.

Im Jahre 1989 wird das internationale Wahrzeichen von Paris, der Eiffelturm, hundert Jahre alt. Als sein Bau in Angriff genommen wurde, richteten sich sehr feindselige Stimmen gegen ihn, und dreihundert empörte Künstler der Zeit – darunter Maupassant und Zola – wandten sich in einer Protestschrift gegen dieses Projekt. 1907 wurde sogar erwogen ihn abzureißen, doch dann setzte ein Prozeß des Umdenkens ein: Maler wie Dufy, Seurat, Rousseau und vor allem Delaunay und Dichter wie Apollinaire und Cocteau begannen sich darüber klarzuwerden, daß der Turm in seiner Kühnheit und Eleganz und in seiner netzartigen Transparenz einen ganz eigenen Charme besitzt.

Der Eiffelturm ist aus 150 000 Stahlteilen konstruiert worden und wiegt 7000 Tonnen. Bis zur Errichtung des Empire State Building im Jahre 1931 war er das höchste Bauwerk der Welt; heute erreicht er durch die 1957 aufgesetzte Fernsehantenne eine Höhe von 320,75 Meter.

Rechts: Gustave Eiffel (unten)

Unten: Die populärste und bekannteste Postkarte überhaupt?

Links: »Champs de Mars, La Tour Rouge« (Marsfeld, der Rote Turm), 1911 von Robert Delaunay gemalt

ALIS
253
LVDOVICO
BAR
COUVERTURE
PLOMBERIE
R PIERRET
CHAUFFAGE CENTRAL
SEMAC
TRICOTS
du PASSAGE
CAFE
SNACK-BAR
BIERE
GRUTLI Pils
CAFÉ
CH.LOISEAU & A.FEREZ
CHAMPLUM
HOTEL

Die Porte Saint-Denis (*links*), im 17. Jahrhundert zum Gedenken an die Siege Ludwigs XIV. in Holland und Deutschland errichtet, bezeichnete ursprünglich die Grenze zwischen dem eigentlichen Paris und den Faubourgs oder Vorstädten. Im 19. und frühen 20. Jahrhundert bildete dieser Triumphbogen einen vertrauten Markstein auf der beliebtesten Promenade der Bevölkerung, die sich entlang den Grands Boulevards zwischen der Place de la Madeleine und der Place de la République erstreckte. Mit vierundzwanzig Meter Höhe war er lange Zeit der höchste Triumphbogen in Paris – bis er vom fünfzig Meter hohen Arc de Triomphe überflügelt wurde. Heute geht die Porte Saint-Denis völlig im Straßenverkehr unter.

Der Arc de Triomphe (*rechts*) auf der Place Charles de Gaulle (früher Place de l'Etoile) wird als Touristenattraktion nur vom Eiffelturm übertroffen. Napoleon hatte den Befehl gegeben, ihn für die glorreiche französische Armee als »riesigen Altar der Nation« zu erbauen. Als er dann dreißig Jahre später tatsächlich errichtet wurde, war Napoleons Kaiserreich zusammengebrochen, und es war Louis-Philippe, der das Monument im Jahre 1836 schließlich einweihte. Der Arc de Triomphe erhebt sich majestätisch aus dem Zentrum des Sternplatzes, den Haussmann als riesiges Rad mit zwölf Speichen oder Avenues angelegt hatte. Eine dieser Speichen sind die Champs Elysées. Unter dem Bogen brennt die Ewige Flamme am »Grabmal des Unbekannten Soldaten«. Hier enden alle großen Umzüge und Paraden, und ausländische Staatsoberhäupter bekunden hier ihren Respekt, wenn sie Paris besuchen. Der Arc de Triomphe ist der Glanz- und Höhepunkt des imposanten Triumphweges, dessen Achse in gerader Linie quer durch Paris führt: von der Place de la Défense im Westen, unter dem Triumphbogen hindurch, über die Place de la Concorde und die Place de la Bastille bis zur Place de la Nation und weiter über den Cours de Vincennes nach Osten.

Die Keimzelle von Paris war eine kleine Insel inmitten eines Flusses, der noch nicht einmal den Namen Seine erhalten hatte. Diese Insel war die Heimat der Parisii, eines keltischen Stammes von Fischern, Jägern und Schiffern, die hier etwa ab dem 3. Jahrhundert v. Chr. in Hütten lebten, bis die gallo-römischen Eroberer ihre eigene Stadt auf diesem Grund errichteten und sie Lutetia Parisiorum nannten. Im 5. Jahrhundert wurde die Insel unter Clovis, einem der ersten Könige Frankreichs, als Ile de la Cité bekannt.

Heute ist die Ile de la Cité immer noch das wahre Herz von Paris. Auf ihr erheben sich die Kathedrale Notre Dame, der Justizpalast (Palais de la Justice), das gotische Meisterwerk Sainte Chapelle und die Conciergerie mit ihren Spitztürmen, wo in der Zeit der Schreckensherrschaft die zum Tode Verurteilten Stunden und Tage auf das Rattern des Schinderkarrens warteten, mit dem sie zur Guillotine gebracht wurden. Auch die charmante Place Dauphine befindet sich auf der Ile de la Cité und öffnet sich zum Pont Neuf hin; auf der Place Louis Lépine besteht ein schöner Blumenmarkt, der sich an Sonntagen in einen Vogelmarkt verwandelt.

Jenseits des Pont St Louis besitzt Paris in der kleinen Ile St Louis eine winzige Enklave aus dem 17. Jahrhundert, deren Charakter sich fast unversehrt inmitten des geschäftigen Treibens der Metropole erhalten hat. Ursprünglich handelte es sich bei dieser Insel um zwei durch einen Kanal getrennte Landstreifen: die Ile-aux-Vaches und die Ile-de-Notre-Dame. Im 17. Jahrhundert wurden sie miteinander verbunden und mit einem gemauerten Kai zusammengefaßt; so entstand die Ile St Louis. Das Viertel besteht aus einem Gewirr von engen Straßen und Gäßchen, entlang seiner Kais reihen sich berühmte alte Hotels – die standesgemäßen Stadtvillen von Aristokratie und bürgerlicher Elite – wie das »Hôtel de Lauzun« und das »Hôtel Lambert«, die beide von dem großen Architekten Le Vau erbaut wurden.

Von den nicht weniger als vierunddreißig Brücken, die sich über die Seine spannen, hier drei der interessantesten: Der elegante Pont Royal (*oben links*) diente einst den »Pendlern« – Mitgliedern des Haushalts von Ludwig XIV. – als Verbindungsweg zwischen dem Palais du Louvre und ihren Villen und Palästen im Faubourg St Germain. Ein kleines Stück flußaufwärts, aber immer noch dem Louvre gegenüber, befindet sich die aus dem 19. Jahrhundert stammende Brücke Pont des Arts (*unten links*), die nach jahrelangen Restaurierungsarbeiten 1986 wieder für den Fußgängerverkehr freigegeben wurde. Sie ist eine recht ungewöhnliche eiserne Laufbrücke mit einer friedvollen und poetischen Atmosphäre und einer großartigen Aussicht. Von hier aus sieht man die Kuppel des »Institut de France«, in dem jeden Donnerstag die vierzig ehrwürdigen »Unsterblichen«, wie die Mitglieder der Akademie genannt werden, rastlos das enzyklopädische Wörterbuch der französischen Sprache revidieren, bemüht um die Reinheit der Sprache angesichts der unaufhörlich einströmenden Anglizismen.

Der Pont Alexandre III. (*rechts*) mit seinem allegorischen Figurenschmuck, den steinernen Löwen und den florentinischen Straßenlaternen ist ein Meisterwerk der Architektur der Jahrhundertwende und wurde nach dem Zaren von Rußland benannt. Man feierte damals die französisch-russische Allianz, und kurz vor Baubeginn unterzeichnete der russische Zar Alexander III. den Bündnisvertrag. Wenn man die Brücke in Richtung des »Linken Ufers« (*Rive Gauche*) überquert, stößt man auf eines der schönsten barocken Bauwerke von Paris: das »Hôtel des Invalides«.

Paris wäre ohne die Seine nicht denkbar. Der Fluß hat nicht nur die Stadt ins Leben gerufen, sondern bildet auch ihre schönste Avenue – obwohl man seine Uferanlagen sehr stiefmütterlich behandelt. Es gibt jedoch bereits Pläne, die architektonischen und urbanen Qualitäten der Kais für die Einwohner von Paris neu zu erschließen.

Die berühmtesten Pariser Plätze sind riesige Verkehrskreuzungen. Aber die kleinen und verschwiegenen Plätze, die sich dem Blick nicht sofort darbieten, schenken dem Wanderer durch Paris ganz besondere Entdeckerfreuden. Die Place des Vosges (*oben links*) im Marais-Viertel hat von beiden etwas. Sie ist ein monumentaler Platz von vollkommener architektonischer Einheitlichkeit und Stilreinheit, kann aber nur durch winzige Gassen erreicht werden. Der Platz bekommt sein besonderes Gesicht durch die Farbgebung der Häuser, wo roter Backstein, gelber Sandstein und blaugrauer Schiefer reizvoll miteinander kontrastieren.

Die Place de la Bastille (*Mitte links*), unweit der Place des Vosges, ist nicht nur ein Ort, an dem Straßen sich kreuzen, sondern auch ein Schnitt- und Knotenpunkt französischer Geschichte. Hier war es, wo das Volk von Paris am 14. Juli 1789 die Bastille im Sturm nahm und niederbrannte. Mit diesem ersten in die Tat umgesetzten Zeichen des Aufstands nahm die Französische Revolution ihren Anfang.

Die Place de la Concorde (*unten links*) ist der größte Platz von Paris und auch einer der schönsten der Welt. Mit seinen von Gabriel erbauten Stadtpalästen, seinen Statuen und monumentalen Brunnen, den Parkanlagen der Tuilerien auf der einen Seite und den Gärten der Champs Elysées auf der anderen und dem großen Obelisken aus Luxor in seiner Mitte läßt er Bilder der Belle Epoque anklingen, als die vornehme Welt von Paris hier vierspännig paradierte. Dagegen fällt es schwer, sich vorzustellen, daß hier vor zweihundert Jahren die Guillotine errichtet wurde und 1384 Opfer forderte.

Wie aus einer anderen Welt erscheint uns die winzige Place de Fürstemberg (*rechts*) in der Nähe von St Germain de Prés, die mit ihren Paulownien und weißen Kugellampen einen der charmantesten Winkel der Metropole darstellt. Hier besaß der Maler Eugène Delacroix sein Atelier.

Der klassisch-schlichte Bau der Madeleine auf der Place de la Madeleine wird von vielen kleinen Spezialitäten- und Delikatessen-Geschäften, Bars und Restaurants umringt.

1 Lucas Carton Einst eines der größten und schönsten Restaurants von Paris. Nach einer zeitweiligen Krise erlebte es aber unter Alain Senderens seine Wiederauferstehung.

2 L'Ecluse Eine schicke und teure Weinbar, in der man ein gepflegtes Glas Sancerre genießen und kleine Pâtés und Salate versuchen kann.

3 Caviar Kaspia Bietet eine appetitanregende Palette internationaler Köstlichkeiten: russischen Wodka und Kaviar, fetten Räucheraal aus Norwegen, schottischen Lachs.

4 Creplet Brussol Hat über 200 Käsesorten im Angebot. Monsieur Lefèvre bietet seinen Kunden einen Käsekalender (eine sogenannte Käseuhr), der für die einzelnen Sorten den besten Reifegrad und -zeitpunkt angibt.

5 Maison de la Truffe Das Mekka der Trüffelliebhaber in Paris. Hier ist auch Gänseleberpastete erhältlich (*pâté de foie gras*), ebenso Eingemachtes, Steinpilze und Pfifferlinge.

6 Hédiard Verkauft exotisches Gemüse und andere Lebensmittel und verfügt über einen sehr gepflegten Keller mit einem breiten Angebot von Schnäpsen (*eau de vie*).

7 Thiebaut Seit 1857 kann man hier alles für den Garten kaufen: Samen, Zwiebeln, Knollen, Gartengeräte usw.

8 Fauchon Konditorwaren (*pâtisserie-confiserie*); es gibt hauseigene Schokolade sowie ein großes Angebot an Süßigkeiten, Torten und Kuchen.

9 Fauchon Das Paradies für den Feinschmecker par excellence! Eine vielfältige Fleisch- und Wurstwaren-Abteilung mit hochspezialisiertem Angebot (*charcuterie*) und ein riesiger Keller runden das Angebot ab.

10 Ferme St Hubert (21 Rue Vignon) Hochklassige Molkerei, in der man exquisiten *fromage blanc* (feiner als Quark, neutraler als Käse) kaufen kann.

11 Le Fournil de Pierre (21 Rue Vignon) Kuchen, Blätterteig mit Apfelfüllung und frisches Brot, das nach Gewicht verkauft wird.

12 La Maison du Miel (24 Rue Vignon) Alle erdenklichen Sorten von französischem Honig.

13 Tanrade (18 Rue Vignon) Bonbons, Süßigkeiten, Fruchtsäfte und vor allem Marmeladen aller Art.

14 Der Blumenmarkt Hier können Sie täglich außer Sonntag riesige Eimer voll herrlicher, frisch geschnittener Blumen finden.

7
8
9
10
11
12
13
14
AUX TROIS QUARTIERS

In Paris befinden sich die *brasseries* meist in der Hand von Elsässern, während die *patrons* der Cafés im allgemeinen Auvergnaten sind. Ihre Vorfahren kamen einst aus der Auvergne in die Hauptstadt, um Holz und Kohle zu verkaufen. Neben dem Brennstoffhandel betrieben sie auch das Imbißgeschäft, bis schließlich dieser Nebenerwerb zum Haupterwerbszweig wurde. Ihnen verdanken wir das Straßencafé, denn sie waren die ersten, die Tische und Stühle vor das Restaurant aufs Trottoir stellten und draußen servierten.

Oben links: In der Zeit des Zweiten Kaiserreichs gab es an der berühmten Ecke des Boulevard St Germain, gegenüber der Kirche, ein Textilgeschäft, das Les Deux Magots genannt wurde. An seiner Stelle entstand später das hier gezeigte Café »Aux Deux Magots«, das zu einem der legendären literarischen Treffpunkte der Hauptstadt wurde.

Unten links: In neuester Zeit hat man versucht, die traditionelle Gestaltung des Pariser Cafés aufzugeben und es mehr der Moderne anzunähern: das »Café Costes« in Les Halles, entworfen von Philippe Starck.

Oben rechts: Selbst das kleinste Café, wie z. B. »Le Sauvignon« im Zeitungs- und Verlagsviertel, spiegelt die Sorgfalt, die auf seine Ausstattung verwendet wurde, wider.

Unten rechts: In der »Brasserie Lipp«, die mit Keramiken aus der Belle Epoque ausgeschmückt ist, verkehrt neben Literaten und Politikern auch sonst viel Prominenz ...

ANCRE
BIÈRE D'ALSACE
AU SAUVIGNON
ANCRE
BIÈRE D'ALSACE

VINS
ET
PRODUITS D'ALSACE
LIPP

Zweimal jährlich strömen die Koryphäen der Weltmode nach Paris, um sich über die Kleidermode und die Trends der kommenden Saison zu informieren; zu diesem Zweck halten die führenden Modeschöpfer ihre Couturier-Shows vor geladenen Gästen ab. Diese Modeschauen sind stets ein aufregendes Ereignis: Jeder Modeschöpfer hat seinen eigenen Hofstaat von Berühmtheiten um sich versammelt. Hinter den Kulissen haben Näherinnen, Zuschneiderinnen und andere Spezialisten des Modehandwerks monatelang Tag und Nacht gearbeitet, um den Kleidungsstücken die letzte Perfektion zu verleihen.

Aber die Modebranche basiert heute auf anderen Grundlagen als früher: Nicht mehr die reiche Elite, die sich eine extrem teure Garderobe leisten kann, ist maßgeblich, das Geld wird vielmehr mit den Milliarden gemacht, die Konfektion, Schuhe, Koffer, Accessoires und Parfüms unter dem Namen der Haute Couture umsetzen. Diese Namen sind ein wesentlicher Bestandteil der Ware. Pierre Cardin, der erfolgreichste unter den Designern, hat seinen Namenszug als Titelmarke 840 lizensierten Produkten überlassen – er prangt sogar auf einer Sardinendose. Und Yves Saint Laurent hat unter seinen 211 Lizenzen eine Zigarettenmarke. So werden aus den Namen der französischen Modeschöpfer Handelsmarken des gehobenen Konsums.

Der Grund für die Spitzenposition von Paris in der Weltmode ist aber nicht die Macht des Geldes, sondern die Standfestigkeit seiner Modeschöpfer. Sie haben es stets verstanden, Paris in der vordersten Reihe des kreativen Geschehens zu halten, trotz aller Herausforderer in New York, Mailand und London. In diesen Modezentren mögen auch sehr begabte Designer leben, aber es gibt keine Stadt, die es mit der Tradition der Pariser Mode und der langen Liste ihrer renommierten Modeschöpfer aufnehmen kann.

Modeschau Emanuel Ungaro im »Grand Hôtel«, 1985

Im Nordosten von Paris, auf dem Gelände der alten Schlachthöfe von »La Villette«, steht eine riesige futuristisch anmutende Kugel, deren Durchmesser 36 Meter beträgt und die aus 6433 blankpolierten Dreieckssegmenten aus Edelstahl zusammengesetzt ist. Was da so weithin sichtbar in der Sonne spiegelt, ist »La Géode« (*links*), Symbol und Fanal des neuen Kommunikations- und Technikzentrums »Cité des Sciences et de l'Industrie«, wo Kinder und Erwachsene moderne Technik und französische Industrieleistungen nicht nur betrachten, sondern auch ausprobieren können.

Dieses gigantische Schaufenster in die Zukunft mit seinem Planetarium, einer Videothek, einem Inventorium (für Kinder) sowie einem Experimentiersektor namens »Explora« wurde im Frühling 1986 als eine Art ständige Ausstellung eröffnet. Sie ist in drei Stockwerken mit insgesamt 30 000 Quadratmeter Fläche untergebracht.

Adrien Fainsilbers architektonisches Meisterwerk birgt in seinem Innern ein Auditorium mit 370 Sitzplätzen, das einzige seiner Art in ganz Frankreich: Auf einer Spezialleinwand aus perforiertem Aluminium, 26 Meter im Durchmesser, kann man mit Spezialkameras gedrehte, auf Spezialeffekte ausgerichtete Filme sehen. Die Kinozukunft hat im Kugelkino schon begonnen. Die Filme, die gezeigt werden – »Wasser und Mensch«, »Kronos« und »Der Traum lebt« (von Astronauten während ihrer Flüge in den Space Shuttles aufgenommen) –, lassen den Zuschauer selbst an dem Geschehen teilnehmen und alles hautnah miterleben. Man fliegt über Berge, stürzt in Abgründe, fühlt die Erde unter den Füßen hinweggleiten und taucht aus diesem Erlebnis einigermaßen erschüttert, aber auch fasziniert wieder hervor.

In den fünfziger Jahren begannen Bürohochhäuser und Wohntürme direkt hinter dem Pont de Neuilly in die Höhe zu wachsen. Die Architekten hatten sich wohl erträumt, ein »Mini-Manhattan an der Schwelle von Paris« zu errichten. Hier entstand das größte moderne städtebauliche Projekt der Nachkriegszeit, denn man hatte sich entschlossen, zur Entlastung der Stadt ein Büroviertel an der Peripherie zu errichten: »La Défense«. Das gesamte Operationsgelände zwischen Courbevoie, Puteaux und Nanterre umfaßt etwa 780 Hektar, auf denen sich Paris in die Ile de France verlängert.

Hinter einer fünfzehn Meter hohen abstrakten Stahlskulptur von Calder erhebt sich der Fiat-Turm (*rechts*) mit sechsundvierzig Stockwerken und zweiundzwanzig Aufzügen. Der Tour Fiat ist eigentlich ein Turm der zweiten Generation, denn er ist vierzehn Jahre jünger als der Tour Nobel, der die erste Generation verkörpert. Heute beherrscht bereits ein Bau aus der dritten Generation der Turm-Architektur den gigantischen Wohn- und Bürokomplex von »La Défense«, der 180 Meter hohe Tour Elf.
Als erstes Gebäude der neuen Satellitenstadt entstand 1958 das CNIT (Centre National de l'Industrie et de la Technique), eine Ausstellungshalle harmonischer Bauform. Die weitgespannte Kurve des Daches in Form eines »Betonsegels« ist mit ihrer Spannweite von etwa 220 Metern bis heute nicht übertroffen worden. Dessen ungeachtet wirkt die geradezu graziöse Halle heute ein wenig altertümlich und zwergenhaft im Vergleich zu den modernen Giganten, die sie umgeben.

Dank der unterirdischen Schnellbahn (R.E.R.) kann man das Zentrum von Paris von »La Défense« aus in etwa 15 Minuten erreichen, so daß mehr als 100 000 Menschen hier ohne Schwierigkeiten arbeiten können. Aber trotz der sorgfältig geplanten Grünflächen, Geschäftszentren, Restaurants, Sportplätze und Verkehrseinrichtungen zieht es immer weniger Menschen dorthin. Zwar ist »La Défense« inzwischen zu einem der wichtigsten Handelszentren Europas geworden, aber sein »modernistischer« Anspruch wirkt auf die Franzosen eher ein bißchen lächerlich und affektiert – wohl weil er so absolut unvereinbar mit der französischen Bautradition ist.

Das Centre Beaubourg (*unten links*), richtiger das »Centre National d'Art et de Culture Georges Pompidou«, feierte am 2. Februar 1987 seinen zehnjährigen Geburtstag. Das hat es jedoch den Herzen vieler Pariser durchaus nicht nähergebracht, die es immer noch abschätzig »die Fabrik« oder »die Raffinerie« nennen – kein schlechter Vergleich übrigens, denn die leuchtendblauen Ventilationsrohre an der Außenseite geben in der Tat solchen Assoziationen Raum. Für diese Kritiker sind auch die 150 000 Tonnen Stahl und die 50 000 Quadratmeter Beton, die verbaut wurden, eine Beleidigung für das Auge, ebenso wie die Tatsache, daß sich der Platz vor dem Beaubourg zu einem Anziehungspunkt und einer Bühne für Gaukler, Musikanten, Akrobaten und Pantomimen entwickelt hat. Viele der Widersacher haben naturgemäß nie einen Fuß ins Innere des Beaubourg gesetzt – und wissen nicht, was ihnen da entgeht. Cirka 25 000 Besucher pro Tag machen das Centre Beaubourg oder Pompidou zum meistbesuchten kulturellen Zentrum von Paris.

Hier gibt es die verschiedensten experimentellen Veranstaltungen, wie zum Beispiel Dauer- und Wechselausstellungen, deren bedeutendste bisher wohl »Paris – Moskau«, »Paris – Berlin« und die »Wien«-Ausstellung wären. Aber das Gebäude ist auch ein Ort, der Menschen ohne einen bestimmten Grund zu einem Besuch veranlaßt – sie kommen einfach nur, um dazusein, sich anregen zu lassen. Das Museum wird nicht so sehr als Museum, sondern eher wie ein Animationszentrum empfunden und hat dem Marais-Viertel, das ja selbst wenig mehr als ein Museum geworden war, neues Leben eingeflößt. Als zusätzliche Attraktion für den Besucher führen innerhalb von durchsichtigen Röhren aus Plexiglas in mehreren Stufen aufsteigende Rolltreppen zum höchsten Punkt des Gebäudes, von dem aus man einen überwältigenden Blick auf Paris genießt. Hinter diesem Zentrum für moderne

Kunst darf auch das ehrwürdige Louvre-Museum nicht zurückstehen, es wird zur Zeit modernisiert. Natürlich geht es auch hier nicht ohne Kontroversen ab. Die Kritik richtet sich hauptsächlich gegen die 32 Meter hohe durchsichtige Glaspyramide, einen Entwurf des chinesischen Architekten Iech Ming Pei (*oben links*). Sie ist inzwischen fertiggestellt und wurde am 5.3.1988 unter großer öffentlicher Beteiligung feierlich eröffnet.

Die Eröffnung des Musée d'Orsay (*oben rechts*) Ende 1986 erregte ebenfalls die Gemüter. Die ehemalige Bahnhofshalle des Gare d'Orsay, die 1900 für die Besucher der Weltausstellung errichtet worden war (ein schönes Stück Architektur im Stil des Fin-de-Siècle), ist nach ihrer glänzenden Renovierung der Kunst von 1848–1914 gewidmet. Nicht jeder war mit der Idee einverstanden, Monet und Detaille Seite an Seite unterzubringen, den Historismus mit der Avantgarde zusammen auszustellen, aber das Publikum hat ein Recht darauf, selbst zu beurteilen, was die Geschichte bereits beurteilt hat. Und offensichtlich macht man gern diesen Versuch, denn vor den Toren des Musée d'Orsay sammeln sich täglich viele Einlaßsuchende.

Aber *ein* Museum gibt es zumindest, das seit seiner Eröffnung im September 1958 ungeteilte Zustimmung von allen Seiten erfahren hat. Jedermann freut sich, daß nunmehr im »Hôtel Salé« (*unten rechts*), dem früheren Stadtpalais einer adeligen Familie aus dem Marais, eine einzigartige Sammlung von Gemälden, Skulpturen und Keramiken Picassos besichtigt werden kann. Das »Musée Picasso« entstand, weil die Erben des Meisters ihre Erbschaftssteuer in echten Picassos ablösen durften. Das Palais und die Kunstsammlung sind eine äußerst glückliche Verbindung eingegangen – man kann sich kaum einen schöneren Zusammenklang von Vergangenheit und Gegenwart vorstellen. Picasso scheint sich im Stil Ludwigs XIV. ganz zu Hause zu fühlen.

Es schneit nicht oft in Paris, geschieht es aber doch einmal, wird einem durchdringend bewußt, daß diese Stadt niemals schöner aussieht als unter einem Flockenschleier. Ein hauchzarter weißer Niederschlag verleiht den Steinfassaden, die seit der Reinigungsaktion Maulraux' zu leuchten begonnen haben, vornehme Gedämpftheit. Nun treten all die weichen und warmen Farben hervor – die Elfenbeintöne, die vielerlei Grauschattierungen von Zink bis Schiefer und das tiefdunkle Grün der Toreinfahrten.

Aber es ist vor allem in den Parks und Gärten, wo die Welt eine völlig neue Dimension erhält: Das Licht wechselt von einem zarten und weichen Gelb zum blassesten aller Blaus und enthüllt dem Betrachter die Grundfarben von Paris. Die Teiche frieren zu, und die zahllosen Möwen, Tauben und Spatzen suchen nach Krumen; wunderbarerweise schützt sie ihr spezieller Metabolismus vor der Kälte.

Diese ungewohnten Bilder und die gedämpfte Stille der Seitenstraßen sind ein Fest für die Sinne; man sollte es in vollen Zügen genießen, solange es dauert. Am nächsten Tag schon ist alles vorbei, der Schnee geschmolzen, Matsch bedeckt das Straßenpflaster. Dann tauchen die tapferen Straßenkehrer auf, viele von ihnen Nordafrikaner, die sich durch einen weiteren europäischen Winter frösteln…

Salsifis
Scarole
mange-Tout
RURAL LIFE

LEBEN AUF DEM LANDE

Wenn Sie heutzutage einen französischen Stadtbewohner nach den Wurzeln seiner Herkunft fragen, wird Ihnen auch der eingefleischte Städter fast immer von seiner bäuerlichen Abkunft berichten, denn zumindest ein Großelternteil dieser Generation stammt vom Lande und war oder ist Bauer. Ganz anders wird die Antwort ausfallen, wenn Sie die Frage dreißig Jahre später an die nächste Generation richten. Während nämlich zur Zeit der Jahrhundertwende noch die Hälfte der Bevölkerung Frankreichs den Boden bestellte, ist diese Zahl heute auf beinahe acht Prozent zurückgefallen. Frankreich ist im Vergleich zu seinen unmittelbaren Nachbarn eher dünn besiedelt; als nun nach dem Zweiten Weltkrieg Industrialisierung und Wirtschaftswachstum zunahmen und sich damit vor allem in den Ballungszentren bessere Verdienstmöglichkeiten boten, setzte eine förmliche Landflucht ein, und die Bevölkerung in den Städten nahm explosionsartig zu.

Auch die landwirtschaftlichen Anbau- und Verteilungsmethoden haben sich radikal gewandelt, ein ständiges Ansteigen der Produktion ist die Folge. Die Entwicklung geht vom Kleinbetrieb zum Großunternehmen, und so ist das gängige Bild von Frankreich als einer Nation kleiner Bauern, die von der »Europäischen Gemeinschaft« subventioniert werden und daher unberührt von ökonomischen Pressionen bleiben, nicht ganz zutreffend. Die kleinen traditionellen Besitze schließen sich in zunehmendem Maße zu größeren Domänen zusammen, oft in Form von Kooperativen im Gemeinschaftsbesitz. Der Kleinbetrieb scheint wenig lebensfähig: Während in den dreißiger Jahren ein Hof mit 15 Hektar als ansehnlich galt, wird heute ein Besitz von etwa 80 Hektar allgemein als Minimum dessen angesehen, was ein Landwirt zur Bestreitung seines Lebensunterhalts benötigt. Darüber hinaus müssen sich die französischen Bauern gegen die große Konkurrenz der auf den Markt drängenden Importe behaupten, wobei sie manchmal zu recht drastischen Mitteln greifen.

Trotz dieser Entwicklungen hat das ländliche Frankreich für den ausländischen Besucher kaum etwas von seinem bukolischen Reiz verloren. Mag sein, daß wir das französische Landleben durch eine rosa Brille sehen, da wir von romantischen Büchern, Bildern, Filmen und Magazinen beeinflußt werden – aber die Wirklichkeit kommt unseren Vorstellungen doch sehr nahe. In Frankreich gibt es noch Enklaven einer Lebenswelt, die nach wie vor dem Herkömmlichen und Bodenständigen verpflichtet ist, wo die Bauern den Boden bestellen wie ihr Vater vor ihnen und wo die alten Traditionen leben wie einst.

Mein Haus in der Provence ist umgeben von Wiesen und Olivenhainen, die ein einziger Mann versorgt. Er arbeitet an sieben Tagen in der Woche, von morgens sieben Uhr bis zum Einbruch der Dunkelheit. Häufig kehrt er um Mitternacht noch einmal zurück und reguliert die kleinen Wasserläufe, die seine Felder bewässern. Ich kann mir nicht vorstellen, daß es einen jungen Mann, der an die 35-Stunden-Woche gewöhnt ist, reizen könnte, eines Tages seinen Platz zu übernehmen.

Im allgemeinen scheint jedoch die Liebe zum Pflanzen, Säen und Ernten tief im französischen Gemüt verankert zu sein, denn wohin man auch schaut, sieht man kleine Felder und winzige Gemüsegärten. Während die großen Städte Frankreichs meist mit monumentalen Prestigebauten prunken, ist das französische Dorf auf Menschenmaß zugeschnitten; darauf und auf seinem intakten Gemeinschaftsleben beruht seine Intimität und Anziehungskraft.

Lange Zeit galt das typische Bild des französischen Bauern mit schwarzem *béret* und im schweren Overall aus dauerhafter Baumwolle – *bleu de travail* genannt – als *die* altvertraute und liebgewordene Klischeevorstellung vom Leben und der Arbeit auf dem Lande. Auch heute noch kann man den *bleu de travail* in vielen Gegenden Frankreichs antreffen, aber im großen und ganzen befindet er sich doch auf dem Rückzug und wird zunehmend von den allgegenwärtigen Blue jeans aus Denim verdrängt.

Die Blue jeans wurden Mitte des 19. Jahrhunderts von einem jungen Mann namens Levi Strauss erfunden; seine ersten Abnehmer für diese strapazierfähigen Hosen waren die amerikanischen Goldschürfer. Was aber weder die Amerikaner noch die meisten anderen Menschen wissen: Der feste und dauerhafte Jeansstoff kommt ursprünglich aus Frankreich.

Die Stadt Nîmes in Südfrankreich war lange Zeit das Zentrum der Herstellung eines festen und groben Baumwollstoffes, der *serge de Nîmes* genannt wurde. Man färbte ihn meist indigoblau ein und machte aus ihm Segeltuch oder Seemannskleidung. Levi Strauss hatte mit vielen Stoffen und Garnen experimentiert und entschied sich schließlich für das Gewebe aus Nîmes. Von da ab setzte sich die Bezeichnung »Denim« (*deNîmes*=aus Nîmes) für dieses Material durch.

Es hat über eineinhalb Jahrhunderte gedauert, bis sich der Stoff aus Nîmes im Lande seines Ursprungs wieder eingebürgert hat und – eine kleine Ironie des Schicksals – die traditionelle Uniform der ländlichen Provinzen Frankreichs, den *bleu de travail*, zu ersetzen begann.

Oben rechts: Ein Schuppen im Elsaß

Mitte rechts: Bauern in Salon de Provence, im Departement Bouches du Rhône

Unten rechts: Ein Schäfer in den Pyrenäen

Links: Ein Küfer (Böttcher) in der Region von Cognac bei der Arbeit – und dazu bleu de travail

In Frankreich hat jedes Dorf, das etwas auf sich hält, einen Kirchturm; das Dorf selbst ist meist um diesen Turm herum gebaut. Bis vor kurzem begleitete der Klang der Kirchenglocken den Dorfalltag und -sonntag, und selbst heute noch läuten sogar in Pfarreien, die keinen Pfarrer mehr haben, die Glocken bei Feuer oder anderen Unglücksfällen. Gegenüber der Kirche liegt der Marktplatz als natürlicher Mittelpunkt des Ortes; er ist stets von Platanen, Linden oder Kastanien beschattet und bietet einen angenehmen Rahmen für das »Café de la place« – dort sitzen bei schönem Wetter die Dorfbewohner bei ihrem Apéritif.

Natürlich entsprechen nicht alle Dörfer Frankreichs dieser Norm. Im Südwesten gibt es zum Beispiel die sogenannten Bastides, Garnisonstädte an den alten Grenzen, die an die Zeit erinnern, als Aquitanien eine englische Besitzung war und so zum Grenzland und Kampffeld wurde. Es waren die Grafen von Toulouse, die diese Wehrdörfer gegen marodierende englische Soldaten befestigten.

Oben: Roussillon in der Provence

Unten: Ein Dorf im Tarn-Tal

Rechts: Bastide in Gers

Das malerische Dorf Riquewihr im Elsaß

Hier gewinnt man eine Vorstellung davon, daß der Fluß in Urzeiten etwa dreißig Meter höher floß als heute; er hat in die weichen Kalkfelsen an seinen Ufern Überhänge hineingesägt, zu deren Füßen die Menschen siedeln: der Ort La Roque-Gageac am Ufer der Dordogne.

Provenchère, ein Dorf auf dem Kamm eines Hügels im Departement Haute Saône

Winterliche Impressionen bei Bourg St Maurice in Hochsavoyen

Maussane und Paradou heißen die Dörfer in Frankreich, wo ich mir ein zweites Zuhause geschaffen habe; eine platanengesäumte Straße verbindet sie miteinander. Hier gibt es Läden, Dienstleistungen, visuelle und kulinarische Genüsse in Hülle und Fülle. Die Dorfbewohner sind nach alter Tradition in verschiedenen landwirtschaftlichen Bereichen tätig, sei es im Olivenanbau, der Weinherstellung oder in der Obst- und Gemüsezucht. Dies ist das Gebiet der *primeurs* – der ersten jungen Gemüse des zeitigen Frühlings. Zu Ostern gibt es weißen und violetten Spargel im Überfluß, gefolgt von den frühen Erbsen und Zucchini. Der Frühsommer bringt eine üppige Kirschenernte, der Sommer die Aprikosen, und bald danach ist es auch schon Pfirsich- und Melonenzeit. Wenn die Sonne richtig heiß vom Himmel brennt, gibt es die wunderbar saftigerdigen Tomaten und den Knoblauch – Eckpfeiler der provenzalischen Küche! Zur Zeit der Sommersonnenwende gesellen sich Auberginen, grüne und rote Paprikaschoten zu den Tomaten, den Zucchini und dem Knoblauch und vereinigen sich zusammen mit dem Olivenöl der Region zu dem typischen und nahrhaften Leibgericht der Provenzalen: Ratatouille. Der heimische Wein ist der bekannte Rosé de Provence – genau der richtige Begleiter, der zum Klima paßt und das aromatische Essen abrundet.

Oben: Ein Olivenhain vor dem Hintergrund der Alpilles

Unten: Straßenkarte von Maussane, eine Orientierungshilfe für Besucher und Touristen

Im Hintergrund dieses fruchtbaren Paradieses erheben sich die Alpilles, in die der stürmische Mistral seltsam geformte, bizarre Formationen eingeschnitten hat. Diese kleinen Hügel sind in ein üppiges Meer von wildwachsenden Kräutern getaucht – Thymian, Rosmarin, Majoran und Fenchel. Nicht nur die Luft und die Pflanzen der Umgebung haben das Aroma der Kräuter aufgenommen, auch das Fleisch der Tiere, die dort an den Abhängen grasen, ist davon durchdrungen.

Mächtige Amphitheater und Foren, langsam verfallende Aquädukte und durch Ausgrabungen freigelegte römische und griechische Siedlungen sind Zeugen der historischen Vergangenheit der Region.

Das stechend klare und leuchtende Licht des Südens ist in diesem Landstrich unvergleichlich und hat bereits Cézanne und van Gogh begeistert.

Oben: Im Grunde wirken diese Straßenschilder belebend, und ihr etwas verwirrender Aspekt tritt hinter ihrem Charme völlig zurück.

Unten: Die weißen Baum-Manschetten sollen den nächtlichen Autofahrer auf der Straße halten – was leider nicht immer ganz gelingt.

Vor der Schule von Paradou thront eine lokale Berühmtheit in Granit; aber die Büste des provenzalischen Volksdichters mit dem nachdenklich in die Ferne gerichteten Blick ist für die Einheimischen nicht nur repräsentativer Dekor, sondern auch selbstverständlicher Mittel- und Ruhepunkt des allwöchentlich stattfindenden Markttages. Das Wasser, das sanft über den bemoosten Felsensitz des Dichters rieselt *(oben links)*, fließt in ein Becken, dessen ausladend geschwungener Rand müden Marktbesuchern als willkommener Rastplatz dient.

Das Rathaus oder Bürgermeisteramt (*mairie*) von Paradou ist ein echtes Haus der Gemeinschaft, denn hier manifestiert sich das Leben des Dorfes nach außen: Die Hochzeiten, Geburts- und Todesanzeigen werden an den breiten Säulen des Eingangs ausgehängt und so den Mitbürgern bekanntgegeben *(Mitte links)*.

Die Kirche von Maussanne *(unten links)*, ursprünglich im romanischen Stil erbaut, dient heute dem Wochenmarkt des Ortes als Hintergrund.

Mit der gleichen Selbstverständlichkeit, mit der man die Marktstände neben der Kirche aufbaut, hat man unbefangen öffentliche Toiletten neben Christus am Kreuz installiert *(rechts)*.

INRI
WC
DAMES
HOMMES

Obwohl er nur etwa tausend Einwohner zählt, hat dieser kleine Ort vier Restaurants, zwei Hotels, zwei Cafés, vier Bäckereien, zwei Metzgereien und drei Antiquitätenläden, abgesehen von einem Friseur, einer Apotheke, einem Fotogeschäft, einer Bücherei, einem Gemischtwarenladen, einer Wäscherei und zwei kleinen Supermärkten – einer davon ist das »Casino« *(unten rechts)*. Zweimal täglich wird frisches Brot gekauft; das gehört ganz wesentlich zum Alltagsleben des Ortes, und eine der Bäckereien *(oben links)* betreibt auch einen florierenden Handel mit Kuchen und Torten, besonders am Sonntagmorgen. Der hervorragende Metzger *(oben rechts)* verkauft köstliches Lammfleisch; es stammt von den Berglämmern, die auf den Hängen der Alpilles die üppigen Würzkräuter grasen und von ihrem Aroma durchdrungen sind. Auch die saftigen und fetten Kaninchen, eine Spezialität der Region, gibt es dort, ebenso wie frische Teigwaren. Auf dem Ladentisch stehen bauchige Gläser mit getrockneten Steinpilzen und Morcheln. Der Video-Shop *(unten links)* hält die Verbindung zum modernen Leben aufrecht und verkauft oder verleiht die neuesten Filme.

Die Olivenöl-Kooperative *(oben links)* preßt die von den Bauern angelieferten Oliven und verkauft das gewonnene grüngoldene Öl in großen, recht nüchtern wirkenden Fünf-Liter-Kanistern. Dieses Öl hat schlechthin Spitzenqualität und gehört zu den besten und teuersten Olivenölen der Welt. In den Touristengeschäften am Ort kann man es in kleinen, ansprechend aufgemachten Fläschchen erstehen, deren zierliche Etiketten besagen: »Kaltgeschlagenes Olivenöl, erste Pressung, aus Maussane, Provence«.

Den Höhepunkt der Woche bildet der Markttag, wenn auf dem Kirchplatz die Verkaufsstände aufgeschlagen werden *(unten rechts)*. Landprodukte werden in Hülle und Fülle angeboten, auch Fleisch- und Wurstwaren *(unten links)*, Bekleidung, Blumen, Antiquitäten, Töpfe und Geschirr aus Keramik und Eisen oder Stahl.

Maussane kann sich auch einer der schönsten Tankstellen Frankreichs rühmen *(oben rechts)*; ein wunderschöner Blumenbalkon mit Pelargonien und Geranien und ein verrosteter alter Traktor dienen als Blickfang.

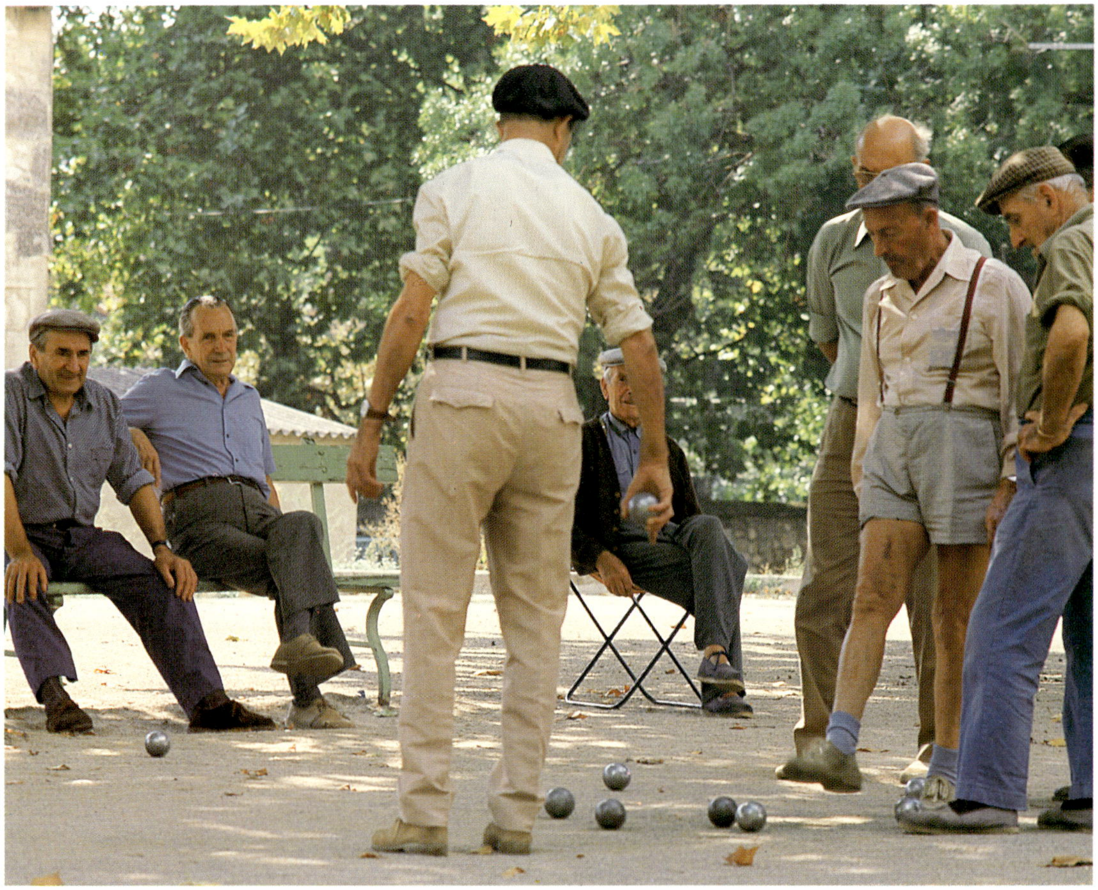

Der Marktplatz enthält auch ein sandiges Spielfeld, auf dem die Männer pétanque *oder* boules *spielen können. Danach haben sie es nicht weit zu ihrem Lieblingscafé, wenn sie nach dem Spiel ihren Durst stillen, einen Erfolg feiern oder einen kleinen Ärger hinunterspülen wollen.*

Der Uneingeweihte oder Ortsfremde wird das Geheimnis der Anziehungskraft eines Cafés für einen bestimmten Kundenkreis niemals durchschauen – und doch ist es so, daß jedes der zahlreichen kleinen Lokale am Ort einen speziellen Kundenstamm besitzt, der ihm aus irgendeinem undefinierbaren Grund die Treue hält. Das »Café de la Fontaine« in Maussane liegt unmittelbar am Marktplatz, im Schatten von Platanen.

Während die Männer pétanque *spielen, finden sich einige Frauen in einem der Waschhäuser ein, die früher eine große Rolle als Treffpunkt der weiblichen Einwohnerschaft spielten. Das hier vorgestellte geräumige und kühle Bauwerk stammt noch aus der Zeit Napoleons, hat aber heutzutage, nachdem die elektrische Waschmaschine ihren Siegeszug angetreten hat, kaum mehr soziale Bedeutung.*

Im »Café du Commerce« rinnt manches Glas Bier oder Wein nach einem harten und heißen Tag in den Feldern die trockenen Kehlen der Männer hinab.

Während sich die althergebrachten Methoden der Feldbestellung heute stark auf dem Rückzug befinden, kann man in manchen Gegenden Frankreichs noch ab und zu ein Gespann Ochsen entdecken oder einen Ackergaul, der geruhsam Furchen über das Feld zieht. Doch derlei Erinnerungen an die gute alte Zeit begegnet man nur noch selten, im Hinblick auf Frankreichs Stellung in der »Europäischen Gemeinschaft« sicher von Vorteil.

Noch immer beträgt die durchschnittliche Größe eines französischen Bauernhofs nur etwa 24 Hektar. Die Hälfte des landwirtschaftlich genutzten Bodens im Süden und Südwesten Frankreichs befindet sich in der Hand von Bauern und wird auch jeweils vom Eigentümer selbst bearbeitet. Das reicht jedoch heutzutage kaum aus, um ein angemessenes Einkommen zu erwirtschaften. Da sind die Landwirte der großen Konzerne rings um Paris, die lediglich Vieh und Maschinen ihr eigen nennen, überwiegend in einer wirtschaftlich günstigeren Lage.

Einige der ärmsten Agrargebiete des Landes finden sich in »zurückgebliebenen« Gegenden, wo das Land noch in kleine, von Hecken und Bäumen gesäumte, weit verstreute Parzellen aufgeteilt ist. Eine solche Aufteilung ist aus ökologischen Gründen nützlich und wohltuend für die Umwelt, für den Bauern aber bedeutet sie weite Wege, Verlust an bestellbarem Boden und Mehrarbeit, da der Einsatz von Traktoren nicht möglich ist.

Oben rechts: Ernte in der Normandie: Heu- oder Strohballen werden maschinell rundgepreßt.

Mitte rechts: Und so wird das Heu im Tal von La Barousse in den Pyrenäen geerntet.

Unten rechts: Das Setzen junger Kohlpflanzen in St Donat sur l'Herbasse, im Departement Isère

Links: Alte und moderne Pferdekräfte bei der Arbeit

Ein altes französisches Gartenbuch setzt fest: »Es ist Aufgabe des Gärtners, durch unermüdliche Sorgfalt und Pflege die Pflanzen unter seiner Obhut nach der Aussaat und Pflanzung zur rechten Reifung zu bringen«. Damit allein ist es aber nicht immer getan, denn nach der Ernte müssen einige Nahrungs- und Genußmittel ja auch noch weiterbehandelt werden. Knoblauch läßt man mehrere Wochen lang mit dem Kopf nach unten an einem luftigen Ort hängen, bevor man ihn zu einem dicken ordentlichen Zopf flicht. Tabak wird ebenfalls getrocknet; und auch Backpflaumen fallen nicht fertig vom Baum. Zuerst müssen die wegen ihres aromatischen Geschmacks bevorzugten blauen »Pflaumen von Agen« geerntet werden, wenn sie sehr reif sind, dann wird durch Trocknen aus der Pflaume mit dem großen Stein und dem köstlichen Geschmack eine Backpflaume. In Agen selbst verarbeitet man die berühmten *pruneaux d'Agen* zu exquisit gefüllten Backpflaumen, Konfitüren und Cremes.

Chicorée ist ein Wintersalat, der im Schatten gedeiht und dementsprechend zart gefärbt ist. Für die Franzosen ist er der Inbegriff einer »blassen Pflanze« und damit sprichwörtlicher Vergleich für einen krank und bleich aussehenden Menschen. Dagegen werden Kinder, die allzu schnell wachsen, gern mit Spargel verglichen, der in die Höhe geschossen ist. Den bescheidenen Lauch hingegen bezeichnet man in Frankreich oft als »Spargel des kleinen Mannes«.

Oben links: Spargel wird für den Verkauf gebündelt.

Unten links: Knoblauch-Schälen in Tournecoupe in Gers (die Pflanze wird nur von der äußeren Haut befreit, die inneren Schutzhäute bleiben unversehrt)

Oben rechts: So werden Tabakblätter in der Region Cher getrocknet.

Mitte rechts: Holzgestelle voller »Pflaumen von Agen«

Unten rechts: Eine reiche Chicorée-Ernte in Yvelines wird sortiert.

Der Cidre ist das Lieblingsgetränk der Normannen – kein Wunder also, daß er schon seit dem 13. Jahrhundert in der ganzen Normandie gekeltert wird. Aus dieser Landschaft mit den sanft geschwungenen Hügeln, den grünen Wiesen und Obstgärten, die im Frühling so herrlich blühen, kommen säurearme Apfelsorten mit süßem oder herbem Geschmack. Sie werden in bestimmten Proportionen gemischt und gekeltert und ergeben ein leicht moussierendes, gering alkoholhaltiges Getränk, das nach Sonne und Äpfeln duftet und ein hervorragender Durstlöscher ist.

Aus dem Cidre läßt sich in einem etwas umständlichen Verfahren ein Branntwein destillieren, der ihn an Berühmtheit vielleicht noch übertrifft: der Calvados.

Oben: Äpfel zur Cidre-Herstellung werden trocken und luftig in einem Holzschuppen gelagert.

Unten: Traditionelle Cidre-Presse mit schweren Mühlsteinen aus Granit oder Eiche, die – mit einem Pferd angetrieben – die Äpfel zermalmen

Gegenüberliegende Seite:
Oben: Normannisches Gehöft und Betrieb zur Cidre-Herstellung. Auch das Brennen von Calvados ist zum großen Teil ein Privileg kleiner Familienbetriebe.

Unten: Ein Calvados-Etikett

Überall in Frankreich ist die Landschaft durchsetzt mit kleinen Küchengärten, die sich bis in die Peripherie der großen Städte vorgewagt haben. Die knallroten Tomaten, saftigen Kräuter und anderen Gemüse von den sorgsam angelegten Beeten liefern, frisch vom Garten auf den Tisch gebracht, Mahlzeiten, die an Aroma und Geschmack nicht zu überbieten sind.

In Frankreich gibt es mehr Küchengärten als Blumengärten. Blumen werden jedoch keineswegs außer acht gelassen: Sie stehen oft mitten im Gemüse und wuchern unbekümmert in dem bunt-bäuerlichen Gemisch von Nützlichem und Schönem, so daß es schwerfällt, den Unterschied zwischen einem Nutz- und einem Ziergarten festzustellen.

Oben: Gartenparzellen in der Peripherie von Cordes in der Region Tarn

Unten: Ein Küchengarten in Taninges in Hochsavoyen

Es ist nicht damit getan, einfach den Samen in den Boden zu stecken und dann abzuwarten, denn jeder Garten ist individuell verschieden und hat unterschiedliche Bedürfnisse. Der Gärtner muß die Bodenbeschaffenheit kennen und wissen, was die Erde an Nahrung braucht, damit höchste Fruchtbarkeit garantiert ist. Er muß bedenken, nach welcher Himmelsrichtung der Garten angelegt ist und wieviel Sonne er bekommt. Für die Kräuter sollte unbedingt der richtige Platz gefunden werden, denn sie spielen eine unverzichtbare Rolle in der französischen Küche.

Keine Statistik vermeldet etwas über die Menge der Nahrungsmittel, die in den französischen Küchengärten erzeugt wird, eine sicherlich nicht uninteressante Information. Der Überschuß aus dieser Kleingartenproduktion wird oft auf den ländlichen Wochenmärkten angeboten, und es ist daher nicht ungewöhnlich, wenn man an Markttagen drei Büschel Gemüse auf einer umgestülpten Kiste zum Verkauf ausliegen sieht.

Links: Kleine Terrassenkulturen in Lyas in der Ardèche

Unten: Ländlicher Wochenmarkt in Bessières in der Region Vaurais

Jeder Bauernhof hat sein eigenes Gesicht und seinen eigenen Charakter. Man sollte sich jedoch hüten, seine Größe und Bedeutung nach der Anzahl und Ausstattung seiner Wohnräume zu beurteilen, denn die können sich durchaus in bescheidenen Grenzen halten, während der Boden weitflächig und ertragreich ist und die Lagerräume, Schuppen und Ställe großzügig und wohlgefüllt dastehen.

Versteckt unter dem Beton oder Wellblech moderner Anbauten findet man bei den kleinen Gehöften, die von einer Generation an die nächste weitergegeben werden, Spuren der schlichten ländlichen Bauweise aus Materialien, die das Land an Ort und Stelle hergibt. In einigen Regionen sind die Höfe einsam gelegen und stehen vereinzelt in der Landschaft, in anderen scharen sie sich in Gruppen zusammen und bilden kleine Weiler oder Dörfer. Ausgangspunkt und Kern eines solchen Fleckens war meist der Besitz einer einzigen Familie, die im Verlauf des Erbgangs gezwungen war, das Land an die Erben aufzuteilen. Das ging so weit, daß sich heute sogar geteilte Wohnbereiche in ein und demselben Hof finden. Die kleinen Orte, manchmal sogar die ganze Gegend, haben oft den Namen des ursprünglichen Besitzers bewahrt und lesen sich heute auf der »Michelin«-Straßenkarte wie eine Litanei örtlicher Familiennamen.

Oben links: Ein altes, aus Naturstein und Lehm gebautes Gehöft

Mitte links: Feldsteinkate in der Nähe von Morgat in der Bretagne

Unten links: Ein Weingut bei Béziers im Languedoc

Rechts: In einem Bauerndörfchen in den Pyrenäen, Ostabat, scheint die Zeit stillzustehen.

Vieh über Land zu treiben war noch vor einigen Jahren fast ein Kinderspiel, heute aber ist es ganz und gar kein Vergnügen mehr. Obwohl die meisten Höfe durch ein Netzwerk von Verbindungswegen mit ihren Weiden verbunden sind, kommt früher oder später unweigerlich der Augenblick, in dem der Bauer gezwungen ist, die öffentliche Straße zu benutzen, selbst wenn es sich um eine Hauptverkehrsader handelt. Deshalb muß der motorisierte Zeitgenosse in den Gebieten mit reichem Viehbestand stets den Fuß auf der Bremse haben und damit rechnen, an der nächsten Kurve plötzlich mit einer Herde aufgeregter Schafe – oder auch viel schwereren Tieren – konfrontiert zu werden.

Im Gefolge des neuen ökologischen Umdenkungsprozesses haben es sich viele französische Jugendliche heute in den Kopf gesetzt, den Beruf des Schäfers oder der Schäferin zu ergreifen. Dieser Weg mag einem Städter als romantische Alternative erscheinen, um zurück zur Natur zu finden, aber auf dem Land weiß man, daß das Viehhüten eine verantwortungsvolle und schwierige Aufgabe ist.

Vielleicht liegt dem Ideal des angestrebten Schäferberufs auch ein Bild zugrunde, das sich in den Köpfen der Franzosen festgesetzt hat und das ihnen Königin Marie Antoinette im Petit Trianon, als Schäferin kostümiert, vorgaukelt – obwohl sie eigentlich wissen müßten, daß es sich damals um eine sentimentale Spielerei handelte. Aber wie sonst ließe es sich erklären, warum weit weniger Menschen den Drang verspüren, statt Schafen Ochsen oder Gänse zu hüten.

Links: Schäfer mit Herde in der Region Haute Loire

Oben rechts: Ein mächtiges Gespann auf der Halbinsel Cotentin in der Normandie

Mitte rechts: Gänseherde in der Dordogne

Unten rechts: In den Cevennen

Oben: Eine portugiesische Landarbeiterin hegt und pflegt die gefiederten Insassen einer Hühnerfarm in der Gegend von Chartres.

Rechts: Melkzeit in der Auvergne

Die intensive Landwirtschaft im kleinen Maßstab geht im heutigen modernen Frankreich immer rascher zurück. »Heutzutage kann man seinen Lebensunterhalt nicht mehr mit nur ein oder zwei Tieren verdienen«, konstatiert traurig ein alter Bauer in einer der ärmeren Gegenden Zentralfrankreichs. Aber es gibt noch einige von diesen kleinen landwirtschaftlichen Betrieben, deren Haupteinkommen auf dem Käse basiert, den sie aus der Milch einer bescheidenen Ziegenherde oder zweier Kühe herstellen. Die *fromages frais* sind von exquisiter Qualität und bei Feinschmeckern sehr beliebt. Sie werden auf den Dorfmärkten noch nach alter Sitte feilgeboten: in ein Wein-, Kohl- oder Kastanienblatt gewickelt, was dem Käse seine ganze Frische erhält.

Oben: Diese lebhaft, gesund und drahtig wirkenden Schweine in Allanche, in der Region Cantal, dokumentieren den Wert von frischer Luft und persönlicher Zuwendung.

Links: Während die genäschigen Ziegen selbständig nach Futter suchen, beschäftigt sich ihre Hüterin mit Handarbeiten.

Frankreichs bedeutendste Viehmärkte werden in Agen (Departement Lot et Garonne), Château Gontier (Mayenne), Fougères (Ille et Vilaine), Laissac (Aveyron), Parthenay (Deux Sèvres) und Sancoins (Cher) abgehalten.

Rechts: Viehmarkt in Nasbinals; durch Abtasten stellt der Händler das Gewicht des Tieres fest.

Gegenüberliegende Seite: Oben links: Pferdehändler, die sogenannten maquignons, *im Baskenland*

Mitte links: Sancoins im Departement Cher: Rinder warten auf die Auktion.

Unten links: Der alljährlich im Februar im Baskenland stattfindende Markt für pottioks *(eine Art Pony)*

Oben rechts: Lebhaftes Treiben an der Bar auf einem Markt bei Moulins, nördlich von Vichy

Frankreich hat einen Bestand von vierundzwanzig Millionen Rindern: mehr als jedes andere europäische Land. Sein Aufkommen an Schweinen ist mit zwölf Millionen das drittgrößte und an Schafen mit elf Millionen das viertgrößte in Europa. Tierische Produkte bilden über die Hälfte des Agrareinkommens des Landes, und alljährlich werden über vier Millionen Stück Vieh auf dem Markt verkauft.

Auch heute noch herrscht auf den Viehmärkten die gleiche rustikale Atmosphäre wie eh und je, und die Händler genießen den feurigen Wortwechsel beim Aushandeln, der durch ein Glas Wein, einen Mundvoll Cidre oder ein Schlückchen Marc (Branntwein) weiter beflügelt wird; dazu gibt es ein Stück Brot mit *pâté de campagne* oder – in der Bretagne – eine *galette-saucisse*. Bis vor kurzem wurde noch jeder Handel durch Wort und Handschlag besiegelt und bar bezahlt.

Mit den Pferdekutschen und -wagen sind auch die echten *maquignons* (Pferdehändler) rar geworden, und Pferdemärkte werden lediglich noch in einigen entlegeneren Landbezirken abgehalten.

Gibt es ein überzeugenderes Symbol friedlicher Beschaulichkeit als das Bild eines Anglers, der fern der Stadt träumerisch im Boot oder im Schilf sitzt, seine Angel in einen noch unvergifteten Fluß taucht (es gibt noch ein paar davon), und der – umschwirrt von schillernden Libellen – in stundenlanges Warten versinkt, bis ein Fisch anbeißt, der sich bisher seiner Freiheit freuen konnte?

In Frankreich wird jeder Flußfisch gegessen, vom winzigsten Weißfisch bis zum größten Salm, und jeder Angler ist von dem einen Ziel beseelt: eine Beute für den Abendbrottisch der Familie heimzubringen.

Fischsuppe aus Flußfischen, in Burgunderwein gekocht und mit Knoblauchcroûtons serviert; gegrillter Salm aus der Loire; Süßwasserheringe aus der Garonne mit einer Füllung aus dem Rogen und mit Sauerampfer zubereitet; Hechtklößchen mit einer samtigen Nantua-Sauce aus Krebsen und frischer Sahne ... das ist nur eine kleine Auswahl aus der Fülle köstlicher Rezepte auf der Basis von Süßwasserfischen.

Oben: Die Marne bei Reims

Rechts: Ein Fischer auf der Loire

Eine seltsame und seltene Form der Jagd wird nur in Südwestfrankreich, vor allem in den Landes, ausgeübt. Es ist die Jagd auf Wildtauben, die jedes Jahr im Frühherbst einsetzt, wenn die Vögel zu ihrem Zug nach Afrika aufbrechen. Dann stellen ihnen die Jäger mit Netzen und Fallen und vor allem mit Hilfe von Lockvögeln nach – zahmen Tauben, die im Jahr zuvor als Wildtauben gefangen wurden. Man bedeckt ihre Köpfe mit kleinen Hauben und bindet sie mit den Füßen an einer Sitzstange fest, die dann mit einer Art Flaschenzug bis zum Gipfel der hohen Bäume hochgezogen wird. Unten liegen unterdessen in gut ausgestatteten Verstecken die Jäger im Anschlag.

Wenn ein Flug Tauben vorüberstreicht, zieht der Jäger an einem Strick, so daß die Sitzstange der Lockvögel zu schwanken beginnt und die angebundenen Tiere laut rufend durch Schlagen mit den Flügeln ihr Gleichgewicht zu halten versuchen. Das zieht die wilden Tauben an und verführt sie zur Landung. Ganz in der Nähe haben nun die Jäger eine flache und saubere Lichtung einladend mit Körnern bestreut, dort sitzen weitere Lockvögel unter Drahtnetzen, um die Opfer abermals heranzulocken. Über der Streufläche befinden sich unsichtbare gefaltete Netze, die sich öffnen, wenn die wilden Tauben auf dem Futterplatz landen, und sich dann über ihnen schließen. Die gefangenen Tiere werden in Käfigen verstaut und danach in Vogelhäuser oder Taubenschläge umgesetzt. Dort erwarten die gefiederten Delikatessen ihr trauriges Schicksal. In Frankreich ißt man sie das ganze Jahr hindurch, vor allem in Form von Wildgeflügelragoûts (*salmis*), einige werden auch am Leben gelassen, um im nächsten Jahr als Lockvögel zu dienen. Der Meisterkoch Michel Guérard hat mich mit dieser »Jagd« bekanntgemacht.

Oben links: Ein Lockvogel mit Haube

Oben rechts: Eine auf ihrer Sitzstange festgebundene Locktaube wird per Flaschenzug hochgehievt.

Oben: Eine gut getarnte Beobachtungshütte für die »Jäger«

Links: Gezähmte Tauben dienen als Köder für ihre nichtsahnenden wilden Genossen.

Ab und zu begegnet man in der französischen Landschaft inmitten eines Weingartens oder Sonnenblumenfeldes unvermittelt einem bezaubernden turmartigen Häuschen, oft mit Bögen verziert und von einer zierlichen Spitze oder einer ungewöhnlichen Wetterfahne gekrönt. Bei diesen kleinen architektonischen Meisterwerken handelt es sich um Taubenhäuser oder Taubenschläge.

Einst verkündete solch ein Taubenhaus unbestechlich den sozialen Rang und Stand seines Besitzers, da der Bau eines erhöhten Turms Privileg der Feudalherren war; später wurde das Vorrecht auf Gutsbesitzer ausgeweitet, die mehr als zwanzig Hektar Land besaßen. Die hier vorgestellten speziellen Stilausprägungen sind kennzeichnend für die südfranzösische Region um Toulouse.

In ganz Frankreich bestehen die Dächer aller Gebäude, von den Châteaus und Herrenhäusern bis zu den ärmlichsten Katen, aus dem jeweils an Ort und Stelle verfügbaren mineralischen oder pflanzlichen Material, und deshalb harmonieren sie so vollkommen mit ihrer Umgebung. Man braucht sich nur die gewölbten Dachpfannen der Provence, die Schieferplatten oder -schindeln von Anjou und der Bretagne, das normannische Strohdach oder die Schuppenmuster auf den elsässischen Dächern daraufhin anzuschauen.

Nördlich der Loire findet man steil abfallende Dächer, die zwei Drittel des Hauses in Anspruch nehmen – eine von den Galliern eingeführte Bauweise. Dagegen gibt es im Süden als Vermächtnis aus der Römerzeit sehr flache Dächer, die höchstens ein Drittel der Haushöhe betragen. Details wie Firstziegel, Dachreiter, Simse, Brüstungen und Giebelfenster, Schornsteinkästen, alles Charakteristika, die ein Dach auflockern, schmücken, Licht geben, wechseln entsprechend der Region und dem Material, das die Gegend liefert.

So bilden Frankreichs Dächer eine wahre Landschaft innerhalb der Landschaft – eine Dachlandschaft eben. Leider ist diese Harmonie durch das Vordringen massenproduzierter Kunststoffe zunehmend in Gefahr. Doch es gibt bereits private und öffentliche Initiativen, die sich dafür einsetzen, daß die traditionellen Techniken wiederbelebt werden.

Rechts: Ein Bauernhaus bei Sarlat in der Dordogne

Gegenüberliegende Seite:
Oben links: Sévérac le Château, Departement Aveyron

Mitte links: Minerve im Departement Hérault

Unten links: Chinon an der Loire

Oben rechts: Nizza an der Côte d'Azur

Mitte rechts: Ste Agnès bei Menton

Unten rechts: Ségur le Château im Limousin

Wie überall hatten auch in Frankreich der technische Fortschritt, die Kommerzialisierung und der damit einhergehende Verdrängungswettbewerb schwerwiegende Folgen für die kleinen »Tante-Emma-Läden«, vor allem auf dem Nahrungsmittelsektor: Zehntausende wurden in den letzten zwanzig Jahren durch die Großmärkte verdrängt. Ungeachtet dessen existieren aber immer noch einige unabhängige Einzelhändler, die das Angebot der Supermärkte ergänzen und oft mehr Leistung und Qualität bieten als diese, wenn auch zu etwas höheren Preisen.

Das Bedürfnis des Kunden, individuell und freundlich bedient zu werden, ist oft ausschlaggebend für das Überleben der kleinen Geschäfte. Ihre Eigentümer passen sich ganz bewußt dem Trend zum Althergebrachten an – sie halten an der traditionellen Ausstattung und Dekoration fest, und tragen so dazu bei, den Charakter mancher Straßen weitgehend unzerstört zu erhalten. Die Farben, Formen, Schilder und Schriftbilder dieser Geschäfte wirken in der heutigen Zeit besonders wohltuend und charmant.

Oben links: Ein Geschäft für Damenunterwäsche in Vannes in der Bretagne

Mitte links: Eine kleine Dorfbäckerei

Unten links: Eine Gemischtwarenhandlung in der Region Aveyron

Oben rechts: Eine Metzgerei

Gegenüberliegende Seite:
Traditionelle Tabak-Trafik in Cotignac in der Provence

TABACS
Nouveau!
A Rouler
Kodachrome 64
GAULOISES
MONUMENT HISTORIQUE
CHATEAU de
SAUVAN
XVIIIème Siècle
Fête des Mères
avec une carte de voeux
ILE
NDER
PIL
WON

Oben: Erwartungsvolle Zuschauer an der Landstraße bei Ste Maxime an der Côte d'Azur: Hier, kurz vor dem Ziel, wird sich das Finish eines Radrennens abspielen.

Links: Sonntägliche Kartenspieler in Rémuzat in der Provence. Ihr bizarres Spiel, das belote, *ähnelt dem englischen* nap *und hat seit der Jahrhundertwende das* manille *aus den Hinterstuben der Cafés verdrängt.*

Oben: Das Kegeln ist zwar heute weniger beliebt als das Boule-Spiel, erfordert aber ebensoviel Geschicklichkeit.

Links: Tischfußball an der Uferpromenade von Nizza

Unten: Ein alter Herr am Fenster liest seine Lokalzeitung »La Dépêche du Midi« *in Cordes.*
Oben rechts: Ein gemütlicher nachbarlicher Schwatz in St Félix de Lauragais in der Haute Garonne
Unten rechts: Alte Freunde und Zaungäste beim alljährlichen Dorffest

Draußen auf dem Lande ist es auch heute noch selbstverständliche Gepflogenheit, daß ältere und alte Frauen schwarz gekleidet sind. Die Tendenz zur dunklen Trauertracht verstärkt sich in Richtung Süden und erreicht ihren Höhepunkt am sonnigen Mittelmeer.

Bekanntlich sind Frauen im allgemeinen dem harten Leben auf dem Lande besser gewachsen als Männer, ihre Lebenserwartung ist jedenfalls deutlich höher. Wenn in früheren Zeiten der Mann starb, legte seine Witwe Trauerkleidung an und behielt sie für den Rest ihres Lebens bei. Es waren im übrigen nicht nur die Witwen, die dann Schwarz trugen, die ganze Familie war in Trauerkleidung, wenn ein Verwandter das Zeitliche segnete.

Links: Kinderbesuch bei den Großeltern auf dem Lande

Unten: Eine alte Dame vor ihrem Haus in der Nähe von Rochemenier im Departement Maine et Loire

Selbst heute noch gibt es alte Frauen, die an der überlieferten starren Sitte festhalten und sich nicht mehr die Mühe machen, ihre Garderobe zu erneuern. Diese Großmütter, hinter denen sichtlich ein sehr arbeitsreiches Leben liegt, kann man überall im Dorf antreffen. Die Feldarbeit ist nun zu anstrengend für sie geworden, und so sitzen sie mit ihrem Strickzeug vor dem Haus, klatschen ein bißchen, schauen dem Dorfleben zu und streuen den Hühnern Körner aus. Die Kinder lieben ihre Gesellschaft, weil sie nie um Geschichten verlegen sind und viel über die Historie und das Geschehen im Dorf zu berichten wissen, das durch sie am Leben erhalten wird, während die jüngeren Leute ihre Heimat verlassen und in die Stadt streben.

Die meisten Landbewohner in Frankreich sind Jagdliebhaber. Während der Saison ist es eines ihrer genußreichsten Entspannungsrituale, wenn die Jagdgesellschaft, die von Tagesanbruch an auf den Beinen gewesen ist, sich im Landhaus versammelt, um ein opulentes Jagdfrühstück einzunehmen.

Der Jagdlunch – mehr Mittagessen als zweites Frühstück – besteht aus einfachen, aber außerordentlich köstlichen Gerichten der *cuisine bourgeoise* und wird reichlich mit gutem Wein heruntergespült; er ist ein charakteristischer Bestandteil des guten Lebens auf dem Lande.

Der mit Holzscheiten geheizte Küchenherd ist das Herz des Bauernhauses. Ein aromatischer Schmortopf (*daube*) oder ein *ragoût* köchelt auf der Platte und wird dann im *bain-marie*, dem Wasserbad rechts von der Kochplatte, fertig gegart. Vom Herd zum Tisch ist es nur ein kurzer Weg; die Mahlzeit kommt direkt vom Topf auf den Teller, der Wein wird frisch vom Faß im Keller gezapft.

Die Kochkunst der französischen regionaltypischen Küche vererbt sich von einer Generation auf die nächste, und der Besucher in der Küche von Madame und Monsieur Gras weiß mit Sicherheit, daß er gut essen wird.

Die Zeiten, als jedes Dorf wirtschaftlich autark und Selbstversorger war und jeder Dorfbewohner eine besondere Kunstfertigkeit zum Wohle der Gemeinschaft in die Waagschale werfen konnte, sind lange vorbei. Ein paar Relikte der guten alten Zeit gibt es aber noch in bestimmten lokalen Handwerks- und Familienbetrieben.

Oben links: Eine kleine Korbflechterei: Das Material für dieses Handwerk, Weidenruten, wächst reichlich in der Vendée, und nach den Körben besteht rege Nachfrage.

Oben rechts: Der Holzschuhmacher in Charité sur Loire ist weniger gut im Geschäft; zwar trugen in den siebziger Jahren einige Hippies Holzschuhe, aber heute ist seine Produktion nur noch für Touristen bestimmt.

Unten links: Der normannische Schmied bekommt noch einige Aufträge von Kunden, die ihre alten Zugpferde aus sentimentalen Gründen beibehalten haben.

Rechts: Die Kunstfertigkeit der provenzalischen Dame, die hier einen traditionellen Kopfputz bügelt, ist vor allem während der religiösen Feste gefragt, wenn die Einheimischen ihre Nationaltrachten anlegen. Die zierlichen Hauben bestehen fast immer aus weißem Baumwollbatist und werden mit einer Stärke aus Kartoffelmehl oder Reiswasser versteift, die mit dem Bügeleisen trockengebügelt und fixiert wird. Die filigranen Rüschen stehen glatt und proper ab, wenn man einen schürhakenähnlichen Eisenstab zum Bügeln verwendet.

Oben: Spitze gehörte zum Wohlstand einer Familie und war stets Bestandteil der bräutlichen Aussteuer. Heute ist die Spitzenherstellung per Hand buchstäblich ausgestorben, aber in einigen Regionen – zum Beispiel um Le Puy in der Auvergne, wo diese alte Dame arbeitet – kann man immer noch Spitzenklöpplerinnen sehen, die auf die überlieferte Art und Weise mit Klöppeln wirken.

Viele von Frankreichs traditionellen Festen haben sich bis heute in einigen Teilen des Landes erhalten, während laufend skurrile neue hinzukommen. So hat der Bürgermeister von Bessières, eine Hochburg der Eierproduktion in der Gegend von Toulouse, das »Festival der Omelette« eingeführt, das jeweils am Ostermontag gefeiert wird. Dann werden fünfeinhalbtausend Eier in eine riesige Pfanne geschlagen, maschinell gerührt und gebraten. Dreitausend Portionen Omelette werden an diesem Tag unters Volk gebracht, das dazugehörige Brot stiften die Bäcker des Ortes.

Am 24. und 25. Mai strömen alljährlich Tausende von Zigeunern aus ganz Europa zur Wallfahrt nach Stes Maries de la Mer, im Departement Bouches-du-Rhône. Der Legende nach war dort ein ruderloser Nachen gelandet, der von den Juden in Palästina ausgesetzt worden war und die »drei Marien« unversehrt nach Frankreich brachte. Diese drei Marien – Maria Jakobäa, die Schwester der Jungfrau Maria, Maria Salome, die Mutter der Apostel Jakob und Johannes, und Maria Magdalena – sollen von hier aus die Provence zum Christentum bekehrt haben. Mit ihnen war auch ihre schwarze Dienerin Sarah gekommen, die von den Zigeunern als Schutzpatronin verehrt wird.

In Béthune, im Pas de Calais, findet am 1. Dezember ein großes Fest zu Ehren von St Eloi, dem Schutzpatron der Goldschmiede und Grobschmiede, statt. Er war Ratgeber Dagoberts I., König der Franken, und wurde unsterblich durch ein Kinderlied, das erzählt, wie eines Tages König Dagobert seine Hose verkehrtherum angezogen hatte, worauf ihn Eloi hilfsbereit auf diesen Irrtum aufmerksam machte und der König »sein Gewand richtete«.

Das Fest des Maibaums in der Dordogne geht auf das Jahr 1870 zurück; damals fanden die Wahlen immer im Mai statt, und es entwickelte sich der Brauch, daß die Kandidaten einen Baum pflanzten, wenn sie ihre Wahlreden hielten. Heute findet die Zeremonie des Maibaum-Aufstellens immer zur Zeit der Wahlen statt, ohne Rücksicht auf die Jahreszeit.

CIDRE DU PÈRE JULES
GRAND MOUSSEUX DU PAYS D'AUGE
CLOS DE LA POMMERAYE
DIPLÔME DE MÉDAILLE D'OR
CONCOURS DE VIMOUTIERS. PRÉAUX. LISIEUX
Léon Desfrièches
PROPRIÉTAIRE RÉCOLTANT
78cl
St DÉSIR-DE-LISIEUX. CALVADOS
Foie de Veau
1kg 64,50 F
Crème Fraîche
le Pot 12 F 20
SOCIÉTÉ CIVILE DU DOMAINE DE LA ROMANÉE-CONTI
PROPRIÉTAIRE A VOSNE-ROMANÉE (COTE-D'OR) FRANCE
ÉCHÉZEAUX
APPELLATION ÉCHÉZEAUX CONTROLÉE
ANNÉE 1980
Mise en bouteille au domaine
75 cl
LE LIVRE DE CUISINE
PAR JULES GOUFFÉ
PARIS
LIBRAIRIE DE L. HACHETTE
1867
VITELLO
REMPLACE LE MEILLEUR BEURRE
MADELEINES DE DAX
A. CAZELLE, seul fabricant
FONTAINE CHAUDE, 40100 DAX
PNEU MICHELIN – SERVICES DE TOURISME
CAVES DE LA MAISON PRUNIER
VOUVRAY 1959
PARIS
CHICORÉE
250 GRAMMES
FAUCHON
TÊTE DE VEAU AU NATUREL

ESSEN UND TRINKEN

Die Franzosen verstehen sich auf ausgesuchte Tafelfreuden und haben das Kochen zur Kunst erhoben. Frankreichs kulinarischer Einfluß und die Maßstäbe seiner großen Küchenchefs genießen Weltgeltung, die Sprache der Feinschmecker ist das Französische. Die Haute Cuisine stellt, ähnlich wie die Haute Couture, die Sphäre einer winzigen Elite reicher und anspruchsvoller Zeitgenossen dar, die das absolut Beste suchen und es auch bezahlen können; auch Ausländer gehören zu ihnen. Wer in Frankreich als Koch an die Spitze gelangt, erwirbt einen Rang und Status, wie ihn sonst nur Filmstars genießen. Aber der Weg nach oben ist hart und steinig – Genialität ist nur eine der Voraussetzungen, die man braucht. Der angehende Meister muß in schwierigen Prüfungen beweisen, daß er sein Handwerk wirklich nach allen Regeln der Kunst beherrscht, und er muß auch die entsprechende starke Persönlichkeit mitbringen. Erst dann hat er eine Chance, berühmt zu werden und vielleicht das Band der Ehrenlegion zu erhalten.

Wer als Besucher Frankreichs kulinarisch mitschwelgen möchte, greift zur roten Essensbibel, dem »Michelin«, und orientiert sich anhand der vergebenen Sterne, welchen Rang die Meisterköche der Restaurants landauf, landab besitzen. So beflügelt der Leitfaden auch den Wettbewerb zwischen Restaurants, Routiers, Brasserien, Cafés – und das bereits seit 1900, als ihn André Michelin zum ersten Mal herausbrachte.

Zwischen der Luxusküche der Restaurants und der französischen Hausmannskost liegen Welten, aber eines ist ihnen gemeinsam: der Hang zur Perfektion. So erinnere ich mich noch lebhaft an das Essen im Haus eines burgundischen Winzers. Die Mahlzeit selbst war einfach, aber die Butter, die dazu gereicht wurde, ein Traum. Auf meine Frage erklärte die Hausfrau, sie stamme von einem Bauern in 25 Kilometer Entfernung – ein guter Weg zur guten Butter.

Die Franzosen haben ein unbefangenes Verhältnis zum Essen; das zeigt sich nicht nur in dem ehrlichen Vergnügen, mit dem sie es konsumieren, sondern auch darin, daß sie von der Frage, wie und woraus die verführerischen Spezialitäten zubereitet werden, relativ unbeeindruckt sind. Der Nichtfranzose schreckt manchmal vor Kaldaunen (Kutteln) und anderen delikaten Innereien zurück, die er als Abfall betrachtet, ebenso vor Froschschenkeln, Schnecken oder Pferdefleisch, aber die Franzosen sehen das anders. Sie haben nicht einmal Schuldgefühle, wenn sie Enten oder Gänse stopfen, um so ihre Fettlebern zu erhalten, oder wenn sie eine lebende Forelle in kochende Bouillon werfen.

Dagegen erregte die Frage nach den Zutaten der »Hamburger«, die mit den amerikanischen Fast-Food-Stationen über das Land hereinbrachen, die Gemüter viel heftiger. Die traditionelle französische charcuterie *und* boulangerie *haben auf die amerikanische Herausforderung entsprechend reagiert. Es hat sich eine exquisite Sandwichküche etabliert, und es gibt warme Mahlzeiten und spezielle Gerichte nach Rezepten der großen Chefs, die nunmehr als Tiefkühlkost massenproduziert werden.*

Gaumen und Magen zu verwöhnen ist in Frankreich immer noch eine edle Kunst und ein Stück Kultur, wenn auch eine kürzlich durchgeführte Erhebung behauptet, nur noch fünfzig Prozent der Bevölkerung interessierten sich für Essen. So eine Umfrage ist typisch französisch und in einem anderen Land undenkbar – dennoch ist sie offensichtlich unzutreffend!

Nicht nur in der Karikatur gilt als typisches Bild des Franzosen ein Mann mit Baskenmütze auf dem Kopf und einer *baguette* unter dem Arm. Nach dem *béret* werden Sie heute wohl lange suchen müssen, aber die *baguettes* sind noch da, und zu gewissen Tageszeiten, kurz vor dem Essen, sieht man sie zahlreich aus den Mantel- oder Einkaufstaschen der nach Hause strebenden Bürger ragen.

Dennoch ist der Brotkonsum zurückgegangen. Während noch im letzten Jahrhundert dreihundert Kilo pro Kopf und Jahr verspeist wurden, sind es heute weniger als sechzig Kilo; seit dem letzten Krieg hat sich der Verbrauch um fünfzig Prozent verringert. Der Grund hierfür ist wohl, das es heute weniger Armut gibt als früher. In der Vergangenheit war Brot so wichtig, daß eine Erhöhung des Brotpreises zu Aufständen führte. Als in den ersten Tagen der Revolution die Menge nach Versailles zog, um den König, die Königin und den kleinen Prinzen zu sehen, riefen sie herausfordernd nach dem Bäcker, der Bäckerin und dem Bäckerjungen ...

Das Brotbacken ist in Frankreich fast überall noch ein Handwerk, das in Kleinbetrieben ausgeübt wird, und wenn der Bäcker gut ist, ist auch das Brot gut. Jedes Viertel, jeder Landstrich hat seine bevorzugte Bäckerei, und um das beste Brot im Umkreis zu finden, müssen Sie nur auf die Warteschlangen achten, die sich vor einem Bäckerladen bilden, wenn eine frische Ladung zum Verkauf gelangt.

Die Wurzeln des französischen Brotkonsums sind sehr alt und reichen weit in die Vergangenheit zurück, aber die Geschichte des Brotes selbst ist noch älter. Die Geste des Bäckers, der die Brotlaibe in den Ofen schiebt, ist ebenso symbolhaltig wie die des säenden Landmannes und erscheint bereits in den Fresken, mit denen die Grabstätten der ägyptischen Pharaonen geschmückt wurden. Das alte Rom unter Augustus besaß nicht weniger als dreihundert Bäckereien, die hauptsächlich von Griechen betrieben wurden; diese beschäftigten häufig Gallier

als Hilfskräfte – vielleicht ein erster Hinweis auf die sich später manifestierende Liebe der Franzosen für ihr Grundnahrungsmittel.

Die symbolische Bedeutung von Brot – und Wein – ist durch die christliche Tradition weiter verstärkt worden. Brot gilt immer noch als Metapher oder Gleichnis für Leben an sich oder als Baustoff des Lebens, und bis vor kurzem war es bei einigen französischen Familien noch üblich, ein Kreuz in den Laib zu ritzen, bevor er gegessen wurde.

In der französischen Sprache gibt es viele Redensarten, die die uralte Bedeutung von Brot als Symbol des Lebens ausdrücken: »*gagner son pain*« – seinen Lebensunterhalt verdienen, »*demander son pain*« – das Leben von Almosen bestreiten, »*avoir du pain sur la planche*« – im Überfluß haben; heute hat sich unter der französischen Jugend eine neue Redewendung durchgesetzt, die viel gebraucht wird: »*ça ne mange pas de pain*« – was bedeutet: Das frißt kein Brot, also, das kostet nichts weiter, verpflichtet zu nichts.

Gegenüberliegende Seite:
Oben: Der tägliche Gang zum Bäcker am frühen Morgen – eines der Lieblingsrituale der Franzosen

Unten: Gibt es wirklich einmal ein Dorf ohne Bäckerei, wird das Brot zweimal täglich frisch ausgeliefert.

Diese Seite:
Links: Die Belohnung fürs Brotholen zum Frühstück: ein Bubble-gum.

Oben: Eine Mahlzeit ohne Brot ist für Franzosen undenkbar.

In der Backstube spielen sich alle Phasen des Backvorgangs ab. Hier wird der Teig geknetet, hier geht er auf und fermentiert, hier wird er schließlich gebacken. Das Geheimnis eines guten Brotes liegt neben der Wahl des richtigen Mehls vor allem in der Kunst des Knetens. Für den Backvorgang benutzen die meisten Bäcker mittlerweile zwar elektrische Öfen, doch einige sind zu den traditionellen Backöfen zurückgekehrt.

Die Franzosen kennen verschiedene Methoden, um festzustellen, ob ein Brot gut geraten ist; Es soll im Verhältnis zu seiner Größe schwer wiegen; wenn man mit dem Finger daran klopft, soll es eine Resonanz geben; die Kruste muß dick, knusprig, golden sein und darf nicht auseinanderbrechen, wenn man sie drückt; das Innere sollte nicht zu weiß und von wachsartiger, elastischer Konsistenz sein; gut ist es auch, wenn das Brot leicht säuerlich riecht. Für französisches Brot gelten zwei Hauptregeln: Schneiden oder brechen Sie es niemals früher als zehn Minuten vor dem Servieren, und bewahren Sie es nicht in einem Plastikbeutel auf – am besten, Sie stecken es in eine Papiertüte oder Holzschachtel oder hüllen es in eine Serviette.

Oben: Der Teig wird geknetet.

Mitte: Vorbereitungen zum Backen

Links: Ein Vorrat an noch ungebackenem Teig

Links: Tortenböden werden in den Ofen geschoben.

Unten: Meisterbäcker Lionel Poilâne mit seinen berühmten Holzofenbroten im Vorratsraum seines Geschäfts »Poilâne« in Paris.

Die französischen Bäcker stellen nicht nur unvergleichlich gutes Brot her, sondern auch eine Fülle von Kuchen, Torten und andere Naschereien. Was für ein Genuß ist es doch, nach altem französischem Brauch am Sonntag nach der Messe die *boulangerie-pâtisserie* zu besuchen und mit einer *baguette* und einem Päckchen mit Obsttorte (*tarte aux fruits*) oder einem dick mit *crème pâtissière* gefüllten Blätterteig heimzukehren.

Oben links: Ein verführerisches pâtisserie-*Angebot in Sarlat, im Périgord, bei dessen Anblick einem das Wasser im Munde zusammenläuft*

Mitte links: Die Außenfront des »Poilâne«-Bäckerladens in Paris. Poilânes auf traditionelle Art gebackenes Holzofenbrot wird von Feinschmeckern als das beste der Welt bezeichnet.

Unten links: Eine Pariser Kuriosität: In dieser boulangerie *auf dem Boulevard Haussmann führt ein Bäcker die uralte Tradition weiter, aus Teig Figuren zu formen und zu backen.*

Unten: Diese charmante Maid lockt in Paris Kunden in ein Geschäft auf dem Faubourg St Martin.

Rechts: Ein Meister-Pâtissier in Paris, dem offensichtlich sein Beruf vorbestimmt war, denn sein Name lautet Marcel Pain

PREPARATION AU PERMIS
en 15 jours
CONTRAT FORMATION

Oben rechts: Ein hinreißend dekoratives Angebot an Eingemachtem, Eingelegtem und Zuckerwerk bei »Hédiard« in Paris

Unten rechts: Die Frau verkauft Marmeladen und Eingemachtes aus dem eigenen Garten.

Links: Ganz streng in Reih und Glied plaziert sind hier üppige hausgemachte Obsttorten an einem Stand in Périgueux.

Oben: Die meisten charcuteries *führen neben Produkten aus Schweinefleisch auch Marmeladen, Eingemachtes und Gemüse-Delikatessen wie geraspelte Möhren.*

Rechts: In Orchamps-Vennes, im Departement Doubs, wird Fleisch in einem Verfahren geräuchert, das drei oder vier Wochen in Anspruch nimmt.

Wie wir aus den Asterix-Comics wissen, pflegten die alten Gallier in den Wäldern auf Wildschweinjagd zu gehen und sich aus den erlegten Tieren einen leckeren Schmaus zu bereiten, den sie beim Festmahl mit Bier hinunterspülten. Das Wildschwein wurde später an der Tafel der Gallo-Romanen, der Franken und schließlich der Franzosen durch das domestizierte Hausschwein ersetzt, das als naher Verwandter des Wildschweins ursprünglich auch wild im Wald gelebt und sich von Eicheln ernährt hatte.

»Tout est bon dans le cochon« – alles am Schwein läßt sich gut essen – sagt eine alte französische Spruchweisheit. Den Beweis für ihren Wahrheitsgehalt liefert die erstaunliche Menge von *cochonailles*, d.h. Produkten vom Schwein, wobei jede der zahlreichen Regionen Frankreichs sich ihrer eigenen Spezialität rühmt: Schinken, gekocht oder roh, gepökelt oder geräuchert, *jambonneau* (Eisbein), Würste

und *saucissons* (Würstchen), *pieds de porc* (Schweinefüßchen), Blutwurst, *rillettes* (Schmalzfleisch), *andouilles* (Kaldaunenwurst) und ihre kleinen Schwestern, die *andouillettes*, *cervelas* (Cervelatwurst) sowie eine Fülle von verschiedenen Schweinefleisch-Pasteten und -Terrinen.

In vielen Landstrichen war und ist das Schweineschlachten eines der wichtigsten Ereignisse des Jahres. Die Termine hierfür sind jedoch von Region zu Region verschieden. Gewöhnlich wird es am Fastnachtsdienstag in Angriff genommen, so daß das Fleisch zu Ostern aus der Salzlake genommen werden kann, oft findet es aber schon Ende Januar statt, zum Fest des Heiligen Anton, des Patrons der Schweinemetzger.

Oben: Ein charcuterie-*Stand im Périgord mit Würsten aus Schweinefleisch*

Unten: Pâtés *und* rillettes

In einigen französischen Provinzstädten findet der Markt nicht draußen, sondern drinnen statt. Ein großzügig angelegter Handelsplatz unter Dach und Fach wie der hier im Bild gezeigte Markt von Villefranche sur Saône (*links*), einer kleinen Industriestadt nördlich von Lyon im Beaujolais, ist ein mit Leben erfüllter Treffpunkt für die Hausfrauen und ein wichtiger Bestandteil ihres sozialen Lebens. Die zuständigen Behörden sind in der Regel daran interessiert, Gebäude, die sich als Markthalle eignen und die meist im Mittelpunkt der Stadt gelegen sind, zu erhalten. Manchmal handelt es sich dabei um einen bildschönen alten Kornspeicher, den man für seine Aufgabe als Markt nur ein wenig renovieren und umgestalten muß, manchmal ist es leider auch ein Beton-Ungetüm im Stil der fünfziger Jahre.

Nicht anders wie bei den Märkten im Freien ziehen einen auch bei den überdachten Hallen die Atmosphäre quirligen Handels und geschäftigen Treibens und das überwältigende Angebot all der frischen Produkte aus dem Umland in ihren Bann. Die Ware kommt direkt von einem Sammelpunkt vor den Toren der Stadt, wo sich bei Tagesanbruch Ströme von Fahrzeugen zusammenfinden. Sie alle sind bis obenhin beladen mit Bergen von Früchten und Gemüse, die sowohl von den großen Gütern wie auch von den kleinen Küchengärten stammen.

Alles, was über den Rahmen des lokalen Bedarfs hinausgeht, nimmt seinen Weg geradewegs zum Großmarkt von Paris, nach Rungis (*oben*). Der riesige »Bauch von Paris« befriedigt buchstäblich alle gastronomischen Wünsche der Hauptstadt. Von frisch in den französischen Wäldern gepflückten Pfifferlingen bis zu tiefgefrorenen Panzerkrebsen aus Korea kann man hier alles nur Erdenkliche erstehen. Auch einen Blumenmarkt gibt es hier, der einem den Atem verschlägt, so reichhaltig und farbenfroh ist er. Aber leider hat der Großmarkt von Rungis trotz seiner unbezweifelbaren Effizienz nichts von dem Charme und der stimulierenden Atmosphäre der alten Markthallen (Les Halles), die einst mitten in Paris standen.

Unter allen Möglichkeiten, den Kreislauf des Jahres bewußt mitzuerleben, ist wohl eine der erfreulichsten, den Wandel der Jahreszeiten auf den Märkten zu beobachten. Die Frühgemüse sind dort die ersten Vorboten des Frühlings. Plötzlich werden die Karotten, die im Winter lose verkauft wurden, in hübschen Bündeln angeboten, zarte Kopfsalate gibt es zuhauf, und ganze Kisten voller Tomaten leuchten in der Sonne. Kleine Artischocken werden in Buketts verkauft, der violette und weiße Spargel in Bündeln, damit seine empfindlichen Spitzen besser geschützt sind. Wohin man auch schaut, sieht man frische und zarte Zwiebeln, Erbsen, Bohnen und goldfarbene neue Kartoffeln. Dann aber kommen die Früchte in Hülle und Fülle: Berge von Erdbeeren, Pyramiden von Melonen. Wer Geld sparen will, findet sich erst später am Tage ein, wenn die Händler ihre Preise herabsetzen.

Diese Seite:
Oben: Markt in Périgueux, der Hauptstadt des Périgord

Mitte: Ein wählerischer Kunde – es sind nicht immer nur die Frauen, die einkaufen – prüft den Reifegrad der Melonen.

Rechts: Begutachtung von Tauben auf dem Geflügelmarkt in Toulouse

Gegenüberliegende Seite:
Oben: Früchte und Gemüse in Hülle und Fülle
Unten links: Auf dem Lande wird Geflügel lebend verkauft, denn vom Kunden wird erwartet, daß er damit umgehen kann.
Unten rechts: Ein reiches Angebot an Oliven und süßsauren Delikatessen auf einem Markt in Sarlat

Pois

VARIANTES
CORNICHONS

Auf dem Markt von Limoux bei Carcassonne sitzt ein freundlicher Herr vor einem Berg von Knoblauch und wartet mit philosophischer Ruhe und Gelassenheit auf Käufer. Er weiß sicher allerlei Interessantes rund um die Wunderknolle zu berichten und wird sich nicht lange bitten lassen, Hinweise über Wirkung und Verwendung der Königin der provenzalischen Küche mitzuteilen: daß man Verdauungsschwierigkeiten vermeidet, wenn man den grünen Keimling in der Mitte entfernt, daß man die Zehen leichter schälen kann, wenn man sie eine Minute in kochendes Wasser legt oder daß man seinen Atem nach Knoblauchgenuß rein hält, wenn man nach dem Essen zwei Stückchen Zucker oder einen Stengel Petersilie ißt.

Dieser Tisch, einfach gedeckt wie für eine Mahlzeit mit der Familie, ist typisch für die Art, wie Käse auf den kleinen Wochenmärkten auf dem Lande verkauft wird. Hier wird nur eine Käsesorte angeboten, aber dieser Käse ist zweifellos aus roher, unbehandelter Milch auf einem Bauernhof in der Umgebung hergestellt worden und hat einen unverfälschten Geschmack. In Farbe und Beschaffenheit bezeugt er seine lebendige Deftigkeit, denn seine natürliche Reifezeit wird nicht künstlich aufgehalten. Derlei Käse sind das Entzücken der Feinschmecker – vor allem im Frühling, denn dann schmeckt man die zarten jungen Gräser heraus, die die Kühe, Schafe oder Ziegen gefressen haben. Vor dem Verkauf wird er an einem kühlen Ort aufbewahrt und hat so die perfekte Reife für den sofortigen Verzehr.

Die Kunst der Camembert-Herstellung wurde 1791 von der normannischen Bäuerin Marie Harel erfunden, die Spanschachtel von dem Ingenieur Ridel 1881.

Pyrenäenkäse aus Iraty im Baskenland. Dieser Käse hat einen festen und geschmeidigen Teig von blaßgelber bis weißlicher Farbe und reift in großen Kellergewölben.

Langusten und Garnelen auf dem Markt von Quimper in der Bretagne. Sie werden lebend verkauft und auch lebend in kochendes Wasser geworfen und dann geschält.

Beim Seihen und Durchpassieren der Molke bedarf es großer Präzision, denn Milch und Luft müssen eine ganz bestimmte Temperatur haben, wenn der Käse gelingen soll.

Gartenschnecken aus der Region Poitou/Charente. Die Tiere müssen fasten und entleeren sich. Dann werden sie gereinigt, geröstet und mit Knoblauch und Kräutern serviert.

Der Austernöffner im vornehmen Pariser Restaurant »Charlot«. Es gibt Austern mit tiefer Schale – dazu gehören fines de Claires *– und flache wie die Belon-Auster und die Marenne.*

Morcheln sind begehrte Würzpilze, die man im Frühling sammelt. Eine cremige Sauce zu Geflügel wird durch die Beigabe von Morcheln zur Delikatesse.

Der Trüffelmarkt in Sarlat im Périgord. Man richtet Hunde oder Schweine zur Trüffelsuche ab, indem man die Zitzen ihrer Mütter mit einer Trüffel bestreicht.

Die echten Kenner genießen die Auster im Naturzustand, ganz unbehandelt. Sie schlürfen sie aus der Schale und essen dazu Brot und Butter und trinken einen trockenen Weißwein.

Eine andere hochgeschätzte Pilzart ist der Steinpilz, der zu köstlichen Gerichten verarbeitet wird. Seine Kappe sollte festfleischig sein, die Haut dünn, der Stiel knackig.

Hier stopft man Gänse mit großen Mengen Mais, um so ihre begehrte Fett- oder Stopfleber (foie gras) zu erhalten, die raffiniert zubereitet und oft mit Trüffeln gewürzt wird.

Gleichzeitig Auszeichnung und Verpflichtung sind Herkunfts- und Gütesiegel des Olivenöls aus der Provence, wie z. B. »Reines Olivenöl aus erster Pressung«.

LE KILOGRAMME
LE KILOGRAMME

»Ein Land, das über dreihundertfünfzig verschiedene Käsesorten produziert, ist nicht leicht zu regieren«, sagte einst General de Gaulle (wenn auch einige Leute behaupten, es sei Winston Churchill gewesen). Tatsächlich gibt es in Frankreich über vierhundert Käsesorten; das Land ist der Haupt-Käseproduzent der Welt und stellt jährlich über eine Million Tonnen davon her.

Heutzutage sind zwei ganz unterschiedliche Arten von Käse auf dem Markt: der Käse vom Bauernhof oder von der Dorfmolkerei aus unbehandelter Frischmilch (von der Kuh, vom Schaf oder der Ziege) – der sogenannte Rohmilchkäse – und der industriell hergestellte Käse aus pasteurisierter Milch, der das ganze Jahr hindurch gleichbleibt, weil die erhitzte, also pasteurisierte Milch eben lange nicht mehr so lebendig ist wie die unbehandelte und daher eine natürliche Reifung künstlich aufhält.

Lebendiger Käse sollte in der richtigen Saison gegessen werden: frischer Schafskäse und Vacherin im Winter und Frühling; Ziegenfrischkäse, blaugrün geäderter Edelpilzkäse, Fourme, Roquefort und Tomme im Frühling und Sommer; Weichkäse aus fermentierter Kuhmilch – Brie, Camembert, Liverot – im Herbst, Winter und Frühling. Einer der beliebtesten Käse Frankreichs ist der Camembert. Sein Name findet sich auf zweitausend verschiedenen Käse-Etiketten, darunter fünfhundert normannischen; der beste kommt jedoch aus dem Pays d'Auge.

Käse wird in allen möglichen Größen und Formen hergestellt, und es gibt ihn schon so lange, daß sich seine Anfänge im Dunkel der Geschichte verlieren. Bereits Karl der Große soll ein großer Freund von Brie und Roquefort gewesen sein, und zur Zeit der Revolution, so schätzt man, verspeisten die Franzosen pro Person ca. drei Kilo Käse im Jahr. Natürlich schmeckt er am besten mit Wein, vorzugsweise französischem Rotwein. Einige Gourmets empfehlen auch trockenen Weißwein zum Ziegenkäse und Sauternes zum Roquefort.

Käsestand in Bordeaux

Wir stellen uns Frankreich gern als ein Land vor, in dem immer die Sonne scheint, dessen Einwohner sich ständig im Freien aufhalten, fürstlich essen und trinken und abends auf den Straßen tanzen. Es ist wahr, die ländlichen Feste besitzen ihren eigenen Charme, wenn die bauchigen Cidre-Krüge und die Gläser mit dem funkelnden roten Wein auf den Tisch kommen, und es stimmt auch, daß sich beim ersten Sonnenstrahl die Café-Terrassen füllen. Aber der französische Alltag sieht anders aus, und es gibt Gegenden in

Frankreich, die unter sehr strengen Wintereinbrüchen leiden. Deshalb bezeichnen die Franzosen in einem Sprichwort auch etwas Schönes, aber Kurzlebiges, als *un déjeuner au soleil* – eine Mahlzeit im Sonnenschein.

Rechts: Man meint förmlich das Stimmengewirr und das Lachen der Menschen zu hören, die sich hier unter schattigen Bäumen zu einem Mahl versammelt haben, um ein besonderes Ereignis zu feiern: den Nationalfeiertag.

Oben: Für treue Dienste ... in St Félix de Lauragais in Aquitanien teilt ein Landmann sein Essen mit seinem Hund.

Es sind vorwiegend die Gemälde der Impressionisten, die den gerngehegten Visionen von Frankreich als einer Welt voll Farbe, Licht, reflektierendem Wasser und heiteren Menschen im Grünen zugrunde liegen. Zur Zeit ihres Erscheinens riefen Bilder wie Manets »*Déjeuner sur l'Herbe*« (1862) noch offene Empörung hervor. Man war es nicht gewöhnt, zeitgenössische Bürger bei ihren Vergnügungen im Freien als Sujets ernstgemeinter Bilder zu sehen. Aber schließlich veränderten die Revolutionäre der Kunst auch den allgemeinen Lebensstil. Waren die Menschen bis in die Spätphase des 19. Jahrhunderts hinein noch überwiegend in ihren eigenen vier Wänden geblieben, so sollte sich das schnell ändern. Als dann die lebenslustige Belle Epoque anbrach und die wilden Jahre nach dem Ersten Weltkrieg einsetzten, war die Zeit der Feste und Parties gekommen, und die Welt hatte sich verändert, in mancher Hinsicht auch verbessert.

Links: Wieder eine Mahlzeit im Grünen, diesmal bei Autun, einer schönen Stadt in Burgund

Oben: Am Springbrunnen vor dem Centre Pompidou in Paris läßt es sich auch schön picknicken!

RESTAURANT

»Le Grand Véfour« (*gegenüberliegende Seite*) gehört zu jenen Gourmet-Tempeln von Paris, die nicht nur Restaurants, sondern gleichzeitig historische Monumente einer Epoche sind. Mit seinem herrlichen Dekor aus dem Directoire (*Mitte rechts*), dem Übergangsstil von Ludwig XVI. zum Empire, vermittelt »Le Grand Véfour« die Atmosphäre jener Zeit des Umbruchs unmittelbar nach der Revolution. Viele Jahre lang hatte das Lokal (es war noch nicht der »große« Véfour) in dem Restaurant »Very« unter den Arkaden des Palais Royal einen Rivalen. Dort soll eines Abends im Jahre 1826 der große Balzac nach eigener Aussage ganz allein hundert Austern, zwölf Koteletts, eine Ente, zwei Fasane und eine Seezunge verspeist haben!

Das Restaurant »Lucas Carton« (*unten*) an der Place de la Madeleine ist mit herrlichen Holzverkleidungen aus der Schule von Majorelle ausgestattet, die Stühle sind mit tabakbraunem Samt bezogen. Hier war einer der glanzvollsten Schauplätze der Belle Epoque: Treffpunkt für die Mondänen ebenso wie für die Halbwelt. In den Salons des ersten Stocks fanden die intimen Rendezvous der Kokotten mit Herren im Frack und Zylinder, Schnurrbart und Monokel, statt.

Lange Zeit lebte Marcel Proust ganz in der Nähe am Boulevard Malesherbes. Alain Senderens, der König der Nouvelle cuisine, hat das alte Nobel-Restaurant wieder zu neuem Leben erweckt.

Die »Brasserie Lipp« (*links*) in St Germain des Prés bietet ebenfalls eine Ausstattung im Stil der Belle Epoque und ist zu Recht für ihre Keramiken berühmt. Hier werden keine Reservierungen entgegengenommen, und man muß sich anstellen wie jedermann – außer man ist zufällig berühmt. Das Lokal ist fast eine Art »Annex« der Nationalversammlung und der großen Zeitungsverlage gleich um die Ecke.

Links: »Le Grand Comptoir« gehört einer ganz anderen Sphäre an; dieses Restaurant ist eines der wenigen Relikte aus der alten Ära der Halles und im Grunde nichts weiter als ein einfaches Café-tabac mit einem Durchgang zu einem riesigen Speisesaal.

Als Michel Oliver »Le Grand Véfour« verließ, wurde Jean-Paul Bonin, der frühere Meisterkoch des Hôtel »Crillon«, mit der Aufgabe betraut, das neue Menu zu kreieren. Die Zubereitung dieser luxuriösen kulinarischen Schöpfung übertrug man seinem Assistenten, André Signoret, der damit so erfolgreich wurde, daß heute *sein* Name an der Spitze des berühmten Lokals steht. Unter vielen anderen Schlemmereien bietet seine Speisekarte zum Beispiel feinen Lammbraten im Kartoffelmantel – *parmentier d'agneau* – oder gebratenes Kalbsbries – *riz de veau* –, den exakten Rezepten aus der Belle Epoque nachgekocht.

Hier im »Pharamond« sorgt die Dekoration aus der Jahrhundertwende für eine gemütliche Atmosphäre; mit Blumen- und Früchte-Motiven verzierte Kacheln bedecken die Wände. Das appetitliche und appetitanregende Ambiente steigert die Stimmung freudiger Erwartung auf die kulinarischen Genüsse der normannischen Küche Alain Hyvonnets. Glanzpunkt seines Menus bildet jenes köstliche Kaldaunengericht, für das das Lokal schon seit Jahrzehnten berühmt ist. Wenn Sie Kutteln nicht mögen, können Sie zwischen vielen anderen erstklassigen Feinschmeckergerichten wählen.

An der Côte Vermeille, in Collioure, befindet sich das Restaurant »La Frégate« von Yves Costa, in dem man Fische und Meeresfrüchte in jeder nur erdenklichen Zubereitung genießen kann. Yves Costa war einer der ersten Köche in Frankreich, der rohen Fisch servierte. Im Sommer speist man auf der Terrasse und kann neben anderen Köstlichkeiten zum Beispiel *panachée de poissons en vessie* (Fischallerlei in der Blase), gebratenen Krebs mit Kräutern, *coquilles St Jacques* mit Chicorée und *pasta* in »grüner« Weinsauce, oder eine *terrine de ratatouille aux anchois de Collioure* (Ratatouille-Terrine mit Collioure-Anchovis) ausprobieren.

Paul Bocuse, hier in seinem Restaurant bei Lyon, hat viel dazu beigetragen, der französischen Kochkunst international neue Popularität zu verschaffen. Zwar ist er ein Meister der Nouvelle cuisine, versteht sich aber auch auf die großen regionalen Gerichte wie *navarin* (Lammragoût) oder *gratin de cardons à la moëlle* (gratinierte Artischocken mit Mark). Besonderen Wert legt er darauf, daß die verwendeten Nahrungsmittel ihren Eigengeschmack behalten.

Im übrigen kommen aus seiner Küche nicht nur wunderbar erfindungsreiche kulinarische Kompositionen, sondern auch eine Vielzahl junger Köche, die er ausbildet.

Das »Maxim« war schon zur Zeit der Jahrhundertwende berühmt – und dieses legendäre »Maxim« mit seinem Omnibus, der »Grand Salle«, den kleinen Salons, den reichen Vorhängen und roten Plüschsitzen gibt es heute noch. Es vermittelt dem Gast einen Eindruck vom Glanz jener Zeit, und man kann sich vorstellen, wie die schöne Otero dort dem Baron de Charlus ihre behandschuhte Hand zum Kuß reichte. Der Großteil des internationalen Jet-Sets geht hier ein und aus, während der französische Durchschnittsbürger wohl eher die lokalen Restaurants in der Provinz, die »La Poste« heißen oder »Le Bon Coin« oder – falls in Paris – »La Devinière« oder »Chez Benoit« bevorzugt, wo man immer noch die gute alte schmackhafte französische Küche finden kann.

Während in den meisten anderen Ländern gern bei gedämpftem Kerzenlicht gespeist wird, legen die Franzosen Wert auf helle Beleuchtung. Man schätzt eben nicht nur den Gaumen-, sondern auch den Augenschmaus.

Oben links: »Maxim«

Unten links: »La Devinière«, ein Pariser Eßlokal

Oben: Ein einfaches Restaurant in Boulogne

Rechts: Die witzige Speisekarte des »Chez Benoit« aus den 70er Jahren

Chez toi BENOIT on boit festoie en Rois
MENU
PRIX NETS.
SAUCISSON DU BEAUJOLAIS CHAUD & SEC
MES GRILLADES & MES SPÉCIALITÉS LYONNAISES
Persillade
HORS D'OEUVRE :
Salade de Boeuf à la Parisienne 15,00
Terrine de Foiesde Volailles 13,00
Museau de Boeuf à la vinaigrette 10,00
Le pot de filets de Harengs 8,00
Escargots de Bourgogne (la Dz.) 15,00
Rosette du Beaujolais 11,00
Légumes à la Grecque 9,00
Soupe de Moules 13,00
POISSONS :
Feuilleté de Brochet (2 pers.) 40,00
Raie au Beurre Noir 20,00
Marmite Dieppoise 25,00
~~Coquilles St. Jacques Maison~~ 24,00
ENTREES :
La Demi Langue de Veau ravigotte 15,00
Selle d'Agneau en Rognonnade (4 pers.) 120,00
Saucisson Chaud comme à Lyon 13,00
Onglet (ou Bavette) Bercy 23,00
Le demi Caneton aux Navets 18,00
Pied de Porc Grillé 9,00
Steak au Poivre 25,00
GIBIERS :
35,00 NET "AUTOUR d'un PLAT"
Filets de harengs
Saucisson chaud
Glace
½ Beaujolais
LE PLATEAU DE FROMAGES VARIES 6,00
DESSERTS :
Ananas frais (Kirsch ou rhum) 12,00
Glaces et mousses de fruits glacées 11,00
Profitérolles glacées 10,00
Gateau St. Philippe 12,00
Marquise au Chocolat 12,00
Tarte aux poires 11,00
NOS PRIX SONT NETS.
A Lesage
DÉGUSTEZ MON POUILLY-FUISSÉ
ET MON BEAUJOLAIS
BENOIT
20, rue St Martin - Paris - près la Tour St Jacques
Téléphone : Archives 25-76
IMP. L. MARÉCHAL - PARIS
R. C. SEINE 55 B 2844

Eine Flasche Wein und ein gut gefülltes Glas gehören für den Franzosen zu einer ordentlichen Mahlzeit. Hinsichtlich der jährlichen Produktion und des Pro-Kopf-Verbrauchs an Wein stehen die Franzosen an der Spitze der Weltrangliste. Aber nicht die Menge machts, sondern die Güte: sie können sich auch der besten Qualitäten rühmen. Erfunden haben sie den Wein natürlich nicht, aber zu seiner Verbesserung trugen schon die alten Gallier bei, denn sie entwickelten das Weinfaß, heute *barrique* genannt.

Wann der Mensch zum ersten Mal Wein getrunken hat, steht nicht genau fest, aber schon zur Zeit der Sintflut soll sich Noah über den edlen Trunk gefreut haben, als er der Arche entstieg. Man kann es verstehen, nach all den Wochen auf dem Wasser!

Wein ist ebenso symbolträchtig wie Brot. Die Griechen verehrten Dionysos, den Sohn des Göttervaters Zeus, als ihren Gott des Weines; seine römische Entsprechung war Bacchus. Im alten Rom scheint jedermann Wein getrunken zu haben, er spielte eine wichtige Rolle bei all den römischen Orgien, von denen wir bei den Historikern von Plinius bis Sueton hören. Nur den Frauen war damals der Weingenuß streng verboten. Cato der Ältere, der sogenannte Censor, derjenige, der ständig die Zerstörung Carthagos im Munde führte, befand: »Wenn du deine Frau beim Weintrinken ertappst, so töte sie!« Die Geschichte schweigt darüber, ob er selbst am Wein Gefallen fand.

In christlichen Zeiten brauchten die Mönche Wein zur Messe und zur Krankenpflege und entwickelten Weinkulturen in der Nähe der Klöster. Nach Petrarca ließ sich Papst Urban V. nur schwer überreden, aus seinem Exil in Avignon wieder nach Rom zurückzukehren, weil er es nicht übers Herz brachte, sich von seinem Weingut Clos de Vougeot zu trennen.

Arbeiter beim Mittagessen in Larceveau im Baskenland

Für den Winzer ist der Frühherbst die wichtigste Zeit des Jahres. Dann trommelt er alle verfügbaren Hilfskräfte zur *vendange,* der Weinlese, zusammen.

Sie bildet den Höhepunkt vieler arbeits- und sorgenreicher Monate und ist stets auch eine festliche Zeit. Der Winzer weiß im allgemeinen schon jetzt, ob der Wein des Jahres gut oder schlecht ausfallen wird, denn dabei ist das Wetter von entscheidender Bedeutung – neben dem subtilen Zusammenspiel von Boden, Rebsorten und Können des Winzers. Deshalb ist der Erfolg auch je nach den Bedingungen von Ort zu Ort verschieden. So sind zum Beispiel die Jahre 1985 und 1982 ausgezeichnete Jahrgänge für Bordeaux, oder besser: sie werden es noch, denn dieser Wein sollte nicht zu jung getrunken werden. Er entwickelt sich bekanntlich erst nach Jahren. Andere gute Jahre waren 1978, 1975, 1970 und 1961. Für Burgunder ist 1978 *das* Jahr, obwohl auch die Jahrgänge 1976, 1971, 1966 und 1961 gut ausgefallen sind. Der Beaujolais, die Weine von der Côte du Rhône und besonders die Elsässer Weine waren alle 1983 außergewöhnlich gut.

Die Önologie oder die Wissenschaft vom Weinanbau besitzt ihre eigene poetische Terminologie, um die Weine zu beschreiben. Ein Wein kann reich, vollmundig, harmonisch, kräftig, süffig, fruchtig, hart, weich, samtig ... sein, er hat Bouquet und Körper. Dagegen sprechen die Franzosen nicht von der Farbe des Weines, sondern von seinem Kleid *(sa robe).*

Wein wird in ganz Frankreich produziert, in Burgund und im Bordelais, im Elsaß wie in der Champagne, an der Loire, der Rhône, in der Provence und im Languedoc, nicht zu sprechen von all den Zwischenregionen wie zum Beispiel Aquitanien. Nur dort, wo die

Reben nicht gedeihen, im äußersten Norden Frankreichs und in Höhen über 300 Meter, wird kein Weinbau betrieben.

Den Weinstock gab es in Gallien bereits vor der römischen Eroberung, aber seine Kultivierung im Großen wurde erst von den Römern dort eingeführt. Schon nach kurzer Zeit begannen die Römer die Konkurrenz ihrer enthusiastischen Nachbarn zu fürchten, und im Jahr 91 v. Chr. befahl Kaiser Domitian, die Hälfte der Weinstöcke in Gallien auszureißen. Glücklicherweise wurde dieser Befehl nicht sorgsam befolgt und später von einem der Nachfolge-Kaiser wieder aufgehoben.

In jenen Zeiten gab es Weinfelder in Gegenden, aus denen sie heute längst verschwunden sind. Noch vor einigen Jahrhunderten wurde selbst in Paris Wein angebaut – am Montmartre, in St Denis und in St Germain. Das dort erzeugte Getränk muß ein beißendes, saures Gesöff gewesen sein, aber auf jeden Fall besser und gesünder als das örtliche Wasser, das damals sehr verunreinigt war. Der Wein vom Montmartre und aus der Umgebung war unter dem Namen *guinguet* die Hausmarke der kleinen Vergnügungslokale an der Seine, die später *guinguettes* genannt wurden.

Oben links: In den Rebfeldern am Fort de Salses im Roussillon werden Weinstöcke beschnitten.

Mitte links: Gut gepflegtes Rebland in der Nähe von Soulignac, südlich von Limoges

Unten links: Weinlese im Beaujolais

Rechts: Ein guter Jahrgang? Der Winzer weiß schon einiges darüber.

Nach dem Pflücken werden die Trauben gepreßt. Früher trat man sie mit Füßen und sang und klatschte dazu im Takt, heute erledigt diese Arbeit eine Traubenmühle. Für den roten Wein werden dunkle Trauben gepreßt und gären dann in einem Bottich auf ihren Schalen. So nimmt der Most *(moûts)* die Farbe und den Gerbstoff der Schalen an. Entfernt man die Schalen gleich, erhält man weißen Wein. Weiße Trauben ergeben natürlich immer weißen Wein. Dann wird der Most in riesige Gärbehälter – Wannen aus Holz, Zement oder Ziegelsteinen – abgefüllt und fermentiert. Manchmal fügt man ein wenig Zucker hinzu – ein Verfahren, das unter dem Namen *chaptalization* bekannt ist (nach dem berühmten Arzt, der es erfand). Die *chaptalization* wird gesetzlich streng kontrolliert, da sie den Alkoholgehalt des Weines erhöht und ihn völlig verderben kann, wenn nicht sorgfältig reguliert wird.

Dann, nachdem der Trester zur Destillation entfernt worden ist, wird der junge Wein im Februar zum ersten Mal in Fässer abgestochen, im Juli und Oktober zum zweiten und dritten Mal. In den Fässern reift oder »altert« er.

Heutzutage weiß jeder, daß Wein in einem Keller am besten altert, ein Wissen, das wir einem puren Zufall verdanken. Die Römer bewahrten ihren Wein in Amphoren auf; erst die mittelalterlichen Mönche legten ihn in unterirdische Gewölbe, um ihn vor Plünderern zu verstecken und auch, um ihre eigene Völlerei zu verheimlichen.

Oben rechts und links: Weinlese in Burgund und in der Dordogne

Mitte: Hoch über dem elsässischen Städtchen Riquewihr werden die Trauben zur Presse gefahren.

Unten links: Ein cave *oder Keller in der Touraine*

Unten rechts: Der ausgezeichnete Weinkeller des Hotels »Intercontinental« in Paris

Gegenüberliegende Seite: Weinpressen oder Traubenmühlen in einer Kooperative im Beaujolais

Vaslin

Und nun zum Besten vom Besten: zum Champagner. Laut Gesetz darf sich Champagner nur nennen, was auch wirklich aus der Region Champagne kommt – einem Weinbaugebiet von etwa 32000 Hektar Anbaufläche. Die jährlichen Verkaufszahlen liegen weltweit knapp unter 20 Millionen Flaschen. Die Geschichte des Champagners ist äußerst werbewirksam und extravagant: In der alten Hauptstadt Reims, wo die mittelalterlichen Könige gekrönt wurden, trank man ihnen mit einem Wein aus Ay in der Region Marne zu, der leicht perlte. Er war grau *(gris)* und berauschend *(grisant)*, an den Höfen von England und Frankreich um 1600 höchst beliebt und außerordentlich selten. Da gelang es dem brillanten Kellermeister-Mönch Dom Pérignon (1715 gest.), einen moussierenden Wein durch Kohlensäureentwicklung herzustellen. Die Franzosen waren sofort begeistert und erklärten ihn zum hochklassigen Festwein. Auch heute noch ist das Knallen eines Champagnerkorkens gleichbedeutend mit Festlichkeit.

Oben links: In Hautevilliers, wo Dom Pérignon als Mönch wirkte, wird eine Flasche Champagner zeremoniell mit dem Schwert geöffnet.

Oben rechts: Bei einer Hochzeit in Cahors im Südwesten von Frankreich

Gegenüberliegende Seite:
Riesiges Champagner-Lager in einem Kellergewölbe in Reims

VREIMS
CUVE 9-8-4-3

maison

WOHNEN IN FRANKREICH

Abgesehen von Ausnahmen wie den überladenen Schlössern an der Loire, sind die französischen Wohnsitze in aller Regel bemerkenswert einfach gestaltet. Die meist nüchternen Fassaden der Villen und Stadthäuser werden durch Fensterläden und schöne Türen und Fenster durchbrochen, belebt und gegliedert. Diese schlichte und subtile Strukturierung gibt ihnen eine über jeden Baustil hinaus zeitlose Wirkung und unterstreicht ihre klare Form. Aber das ist nicht ihr einziger Anziehungspunkt: In den kleinen Städten und im gesamten Süden sind die Häuser farbig verputzt. Rot in allen Schattierungen ist die vorherrschende Farbe, aber man findet auch die gesamte Skala von Gelb und Ocker. Im Lauf der Zeit verblassen diese Pigmentfarben unter der starken Sonneneinwirkung zu einer malerischen Patina, die aus den unscheinbarsten Häusern pittoreske Sehenswürdigkeiten zaubert.

In Frankreich gibt es die verschiedenartigsten Bauweisen – aus dem einfachen Grunde, weil die Materialien, die der Boden hergibt, so mannigfaltig sind. Im Elsaß herrscht Fachwerk vor, in Paris der honigfarbene Sandstein und das Grau der Schieferdächer, und in Südfrankreich sind die Häuser ganz aus Lehm gebaut – ein überraschend schönes und praktisches Material. Man verwendet es auch in der Picardie, wo die Bauten aus Lehm skulptiert und dann verputzt werden. In der Region Caux in der Normandie hat man die mit Kieseln und Schotter verstärkten Lehmstrohwände, und in der Gegend von Soisson und Valois gibt es den Feldsteinbau; dort werden die Fassaden oft mit feinbehauenen Quadersteinen verkleidet. Im Departement Argonne und in den Alpen bildet Holz die Hauptstütze der Bauindustrie; vielerorts verwendet man auch Ziegelsteine. Am Mittelmeer sind die Dächer häufig flach, im Baskenland dagegen berühren die überhängenden Dachrinnen der Steildächer fast den Boden – eine endlose Vielfalt.

Interessanterweise sind die Inneneinrichtungen oft am schönsten, wenn sie extrem ländlich oder extrem städtisch ausgerichtet sind. Das französische Kleinstadt-Interieur mit seiner korrekten und verstaubten Steifheit ist einfach trist, während eine ländliche Küche oder ein rustikales Wohnzimmer auf ihre Art ebenso anziehend sein können wie die von Philipp Starck für Präsident Mitterrand entworfenen hochmodernen Räumlichkeiten im Elysée-Palast.

Besonders schön ist das Wohnen auf dem Land, wenn man dort ein geräumiges Wohnzimmer hat, das sich bis in den Hof oder Garten erstreckt und den Wohnbereich nach außen erweitert. Es ist den Franzosen ein Bedürfnis, möglichst viele Mahlzeiten im Freien im Schatten der Bäume einzunehmen. Ihre Gartenmöbel sind ihnen daher ebenso wichtig wie uns unsere Sitzecken.

Mediterrane Einfachheit bestimmt häufig die gediegen-zurückhaltende Raumgestaltung der Landsitze und Bauernhäuser; Gegenstände wie Küchengeräte, Porzellan und Vasen, Lampen, Bilder und Webstücke werden zu dekorativen Gestaltungsmitteln und setzen optische Glanzpunkte. Diese Gewohnheit, aus dem Funktionalen einen Genuß und eine Tugend zu machen, spiegelt sich auch in den Fassaden der Häuser wider. Selten sieht man in Frankreich unorganische, »angeklebte« Schmuckelemente. Mit ihrem Sinn für klare Formen lassen die Franzosen ihre Häuser für sich selbst sprechen.

Französische Einfahrten sind meist recht elegant und spiegeln etwas vom Charakter der Menschen wider, für die sie ursprünglich gestaltet wurden.

Trotz ihrer streng formalen Anlage macht eine Allee immer einen erhebenden Eindruck, und wenn sie gar aus dicht begrünten Platanen besteht wie die hier gezeigte Avenue in St Rémy de Provence (*oben links*), ist ihr Anblick ein Genuß für sich. In der Nähe von Arles weist ein geöffnetes Doppelportal (*unten links*) den Besucher auf den kiesbestreuten, von Kastanien gesäumten Weg zum Haus, das im Durchblick zwischen den Bäumen sichtbar wird. Die Bäume wurden hier als Schattenspender gepflanzt, um die Landarbeiter und die Tiere auf ihrem täglichen Weg von und zu den Feldern vor der sengenden Sonne zu schützen. Die künstlich angelegten Gräben zu beiden Seiten führen fließendes Wasser zur Erfrischung. Vielleicht entspricht die Gesamtlinie der Anlage nicht jedermanns Geschmack, aber sie ist durch und durch rational und zeugt von gesundem Menschenverstand und echter Menschlichkeit. Gerade diese Eigenschaften sind es auch, die dem französischen Stil- und Formgefühl hauptsächlich zugrunde liegen, jedenfalls im Design, wenn auch nicht immer in der Architektur.

Wenn sich die Franzosen entschließen, auf Distanz zu gehen und sich abweisend und geheimnisvoll zu geben, dann schützen sie ihr Haus hinter schweren Toren, die sie sorgfältig verschlossen halten. Wie attraktiv dieser Besitz auch wirken mag, die mit spitzen Gitterstäben bewehrte und gut gesicherte Einlaßpforte im Languedoc (*rechts*) bedeutet Besuchern, sich fernzuhalten. Die Franzosen sind stark auf ihre Sicherheit bedacht, und so werden zunehmend Sicherheitssysteme, sich drehende Fernsehkameras und ferngesteuerte Schließmechanismen verwendet.

Das Leben in einem französischen Stadthaus ist vor indiskreten Einblicken durch hochragende Mauern, genau eingepaßte Tore und aufmerksame Concierges geschützt. Manchmal erhascht man jedoch einen Blick in einen der vielen Innenhöfe und sieht im Vorübergehen spielende Kinder, schwatzende Frauen und plätschernde Brunnen. Das bunte, lebendige Bild im alten Nizza (*unten rechts*) erinnert an Italien. Dagegen verbirgt sich die ornamentale Rasenfläche mit den kunstvoll beschnittenen Hecken (*gegenüber*) hinter den cremefarbigen Mauern und strengen Gitterpforten eines Gebäudes auf der Place de Vosges in Paris.

In dem üppigen Mietshaus mit den schönen Verzierungen der Art nouveau (*oben links*), von dem berühmten Architekten Lavirotte um 1900 erbaut, leben die Bewohner ebenfalls gut abgeschirmt. Auf dem Lande dagegen ist Verborgenheit unwichtig. In dieser Villa in Aix-en-Provence aus dem 18. Jahrhundert offenbart sich die Mode des freistehenden »klassischen« Pavillons nach dem Vorbild des Petit Trianon in Versailles (*oben rechts*). Im Elsaß findet man anheimelnde Gebäude wie dieses Haus in Hunawihr (*unten links*) mit seinem Fachwerk und dem Schuppenmuster der Dachziegel.

DIES NOCTEM VINCIT
1804

Die verschiedenen geographischen und klimatischen Unterschiede und die Vielfalt der natürlichen Materialvorkommen haben zu variantenreichen Mustern und Texturen bei den französischen Bauten geführt.

Gegenüberliegende Seite:
Oben links: Die Sonne malt Tupfer auf eine Feldsteinscheune in Clos Ste Mère.

Oben rechts: Eine präzis gemauerte und mit Kieseln dekorierte Steinwand in Aujan Mournède

Mitte links: Die Kirche St Austremoine in der Auvergne aus dem 12. Jahrhundert: Hier bildet harter, dunkler Kalkstein, in weicheren Stein eingelegt, ein romanisches Fries.

Mitte rechts: Ziegel, Sandstein und Flint schmücken einen Taubenschlag in der Normandie.

Unten links: Ein Schuppen in der Ile de France: Künstlich gewellt, aber natürlich gerostet, zeigt Wellblech einen hübschen rustikalen Abnutzungs- und Verblassungseffekt.

Unten rechts: In die Ziegelmauer der Abteikirche von Moissac im Departement Tarn et Garonne hat man eine Sonnenuhr eingelassen.

Diese Seite:
Oben: Ein Fachwerkhaus in Auch. Während die Reichen das Rahmenwerk mit Ziegeln ausfüllen ließen, begnügten sich die weniger Begüterten mit Lehm oder lehmbeworfenem Flechtwerk.

Unten: Zartes Fischgrätenmuster als Ziegel-Einlegearbeit in der Wand eines normannischen Bauernhauses

Die Bauernhäuser und Landgüter in Frankreich haben oft zwei Türen – eine hohe und schmale für die Menschen und eine niedrige, breit ausladende für die Tiere. Lange Zeit war es üblich, daß Menschen und Tiere eines Haushalts in einer geruchsintensiven Dunstglocke unter dem gleichen Dach lebten.

Die Farbgebung der Türen ist oft überwältigend schön, besonders wenn sie porendeckend auf Hochglanz lackiert sind, wie dies nur französischen Malern in dieser Perfektion gelingt. Aber sie sind nicht weniger ästhetisch, wenn sie durch jahrelange Sonneneinwirkung zu einer gedämpften Patina verblassen.

Gegenüber: Die prachtvolle Fassade eines Bauernhauses bei Beaujeu im Beaujolais; der Anstrich gleicht ausgeschossenem Tuch.

Diese Seite:
Oben links: Die klassisch gestaltete Tür eines Bauernhauses in Berstett bei Straßburg. Der türkisfarbene Anstrich ist in ganz Frankreich beliebt, da er die Fliegen abweist.

Oben rechts: Türen mit floralen oder geometrischen Dekors – wie hier an einem Stadthaus in der Provence – gibt es in Hülle und Fülle.

Unten links: Eine schöne Art-deco-Türe in der Rue Mallet-Stevens in Paris.

Unten rechts: In der Stadt sind die Türen konventioneller, mit oft klassisch ausgewogenen Proportionen und in einem dunklen Flaschengrün gestrichen, das nie zu verblassen scheint.

Trotz der Einführung moderner Sicherheitssysteme wie Gegensprechanlagen oder codierten Loch- und Chipkarten lebt der Türklopfer als Statussymbol und Schmuckelement weiter.

Gegenüberliegende Seite:
Oben links: Dieser groteske Türklopfer mit den beiden Delphinen zwischen den Zähnen und dem strengen Blick unter gerunzelten Brauen erfordert schon ein festes Zupacken, wenn man ihn ertönen lassen will, um in seinem Haus in Aix-en-Provence Einlaß zu finden.

Oben rechts: Ein kunstvoller Klopfer in Paris zeigt Ideenreichtum und schöne Handwerkskunst.

Unten links: Seit es regelmäßige Postzustellungen gibt, hat man Briefkästen angebracht. Dieser hier in Florac wurde direkt in die Türe geschnitten.

Unten rechts: In harmonischer Ausgewogenheit stehen sich die dekorative S-Kurve in der Türfüllung und der genau darüber angebrachte Türklopfer gegenüber.

Diese Seite:
Oben: In ländlichen Gegenden sieht man auch altmodische Verriegelungen wie diese: Eine schmiedeeiserne bourbonische Lilie bildet den Riegel einer Scheunentür in Romme in Hochsavoyen.

Unten: Eine hölzerne Sperrvorrichtung sichert das Tor einer Scheune im Vallée d'Abondance in Hochsavoyen. Ein gutes Beispiel für das Formgefühl und den Erfindungsreichtum auf dem Lande.

2

In Frankreich zu leben und keinen Balkon zu haben, ist für die meisten Franzosen ein Unglück, denn sie hegen eine besondere Vorliebe für ihre Balkone und nutzen sie voll aus. Glücklicherweise haben viele Häuser und auch die meisten Appartements mindestens einen. Auf dem hängenden Gärtchen ißt man, sonnt sich, hängt die Wäsche auf, flirtet oder beobachtet das Leben auf der Straße. Ob sie einfach sind oder elegant, die Balkone erfüllen eine wichtige architektonische und soziale Funktion. Sie gestalten Fassaden, die sonst allzu kahl wären, sie schaffen Farbe und Leben und setzen dekorative Akzente.

Für viele Franzosen ist der Balkon nicht nur ein Wohnzimmer im Freien, sondern auch ein Beobachtungsposten. In einem Appartementhaus besaßen die Balkone sogar einen Spiegel, mit dem man sowohl das Leben auf der Straße als auch auf den Nachbar-Balkonen beobachten konnte.

Der hier abgebildete Balkon aus feinem filigranen Schmiedeeisen (*gegenüber*) wird von einer Herme und einer Karyatide getragen. Ob die beiden Damen die barocke Umgebung mit so viel nacktem Fleisch auch wirklich billigen? Dieses üppige Haus steht in Aix-en-Provence.

Rechts zeigen wir zwei weitere Balkon-Impressionen aus der Provence. Die Balkone des einen Gebäudes (*oben*) unterscheiden sich im Stil und in der Art der Wandbefestigung und schaffen eine richtige Balkon-Landschaft. In Menton bildet die zum Trocknen aufgehängte Wäsche (*Mitte*) eine einzigartige Farbskala, die bewußt auf die Farbgebung der Wand und der Fensterläden abgestimmt scheint. Der grobe Putz ergibt zur schwebenden Leichtigkeit des Balkons einen interessanten Kontrast. Eleganz und Rustikalität – das Feine und das Grobe – vereinen sich hier, wie so oft in Frankreich.

Der kunstvolle Balkon im Stil der Art nouveau (*unten*) in Toulouse stammt aus dem Jahr 1900.

Von Calais bis Marseille wird man kaum ein Haus ohne Fensterläden antreffen. Sie sind außen an den Fassaden angebracht und dienen zum Beispiel als Dekoration für Vorstadtvillen oder als Schutz gegen Einbrecher.

Darüber hinaus sind sie für die Franzosen aber noch aus anderen Gründen unverzichtbar. Jalousien mit schräggestellten Lamellen halten die sengende Nachmittagssonne ab und fördern die Frischluftzufuhr, denn sie fangen jede kleine Brise ein und lassen sie zirkulieren. In den heißen Hochsommernächten sind sie an jedem Haus fest verriegelt – vielleicht, um keinen Anreiz zum Einsteigen zu geben, aber wohl auch deshalb, um die erste Morgensonne abzuhalten.

Architektonisch sind die Fensterläden von unschätzbarem Wert, denn sie gliedern und strukturieren allzu triste Hausfassaden und lokkern manchen langweiligen Wohnblock in der Innenstadt harmonisch auf. In den schmalen Straßenschluchten der alten Großstadtviertel sorgen die geöffneten Läden darüber hinaus für optische Auflockerung.

Oben links: Wichtiger als die Fensterläden sind den Elsässern ihre üppigen Blumen in den Balkonkästen. Dörfer und Städte, die für ihren Blumenschmuck bekannt sind, werden auf den Schildern am Ortseingang als village fleuri *gekennzeichnet.*

Mitte links: Ein Ziegelsteinbau aus dem 19. Jahrhundert in Pompertuzat im Departement Haute Garonne. Öffnet man seine Fensterläden, so bilden sie zusammen mit den Fenstern spontan eine überraschende Arkade.

Unten links: In einsam gelegenen ländlichen Gegenden löst der Fensterladen aus solidem Holz die Lamellen-Jalousie ab, wie es bei diesem Haus in Fontvieille in der Provence der Fall ist. Wenn sie offen stehen, verleihen die Läden mit ihren eisernen Haken und Riegeln den schlichten Wänden und Fenstern der kleinen verputzten Landhäuser harmonische Farb- und Gliederungsakzente.

Rechts: Diese Häuser wurden im 18. und frühen 19. Jahrhundert in Le Panier, einem alten Marseiller Viertel, für Seeleute errichtet. Sie würden ohne die Fensterläden viel von ihrem Charakter verlieren. Bis vor kurzem war die Straße ein Ghetto für nordafrikanische Matrosen und Obdachlose, jetzt nimmt sie – wie andere um sie herum – wieder gehobeneren Status an.

Frankreich überrascht mit der Formenvielfalt seiner Fenster. Sie sitzen zwar häufig in ganz schlichten Fassaden, sind aber ebenso wie die Türen, Balkone und Fensterläden dekorative und gliedernde Gestaltungsmittel. Wenn auch in den Städten standardisierte Prototypen vorherrschen, gibt es daneben doch eine Fülle exzentrischer Formen, vom runden Ausguck bis zur filigranen Konstruktion.

Die Franzosen schmücken ihre Fenster und Fassaden besonders gern mit Blumen, entweder mit Kletterpflanzen oder mit Blumentöpfen und -kästen. Auch haben sie eine Vorliebe für Spitzenvorhänge, vorzugsweise aus edlem Baumwollgewirk in traditionellen Mustern, das den Häusern eine altehrwürdige Ausstrahlung verleiht. Die Geschäfte, in denen es solche altmodischen Stoffe und Muster in unserer Kindheit gab und an die wir uns nur mehr undeutlich erinnern, existieren in Frankreich noch immer.

Oben links: Ein Haus im Elsaß zeigt ein bemerkenswertes Fenster im Stil der Art nouveau. Sein kunstvoll durchbrochenes Sprossen- und Rahmenwerk ist von blauglasierten Kacheln umsäumt.

Mitte links: Eine Flut von blühenden Bougainvilleas an der Fassade eines Hauses in Bormes les Mimosas im Departement Var hat die beiden Fenster zu bloßen Luken reduziert.

Unten links: Ein dekoratives Muster schmückt diesen erlesenen Vorhang aus Baumwollspitze und harmoniert wunderbar mit der dunklen Holzleiste.

Rechts: Ein prächtiges exotisches Fenster von beinahe fernöstlichem Charakter zeigt eine kunstvolle Wohnarchitektur an, die man heute nicht mehr bezahlen kann oder will. Das Haus befindet sich in der Rue Jean de Bernady in Marseille.

Die unscheinbarsten mediterranen Häuser sehen interessant und malerisch aus, sobald sie einmal lange genug den Strahlen der sengenden Sonne ausgesetzt waren. Ihr Verputz in natürlichen Pigmentfarben, der nur alle paar Jahre erneuert wird, bleicht im Laufe der Zeit aus, blättert ab und hinterläßt ein Bild pittoresken Verfalls. Wenn die Sonne scheint, spielt es gar keine Rolle, wie verblaßt die Wände sind, denn diese Häuser haben eine starke Ausstrahlung, die verloren ginge, wenn sie adrett und gepflegt wären wie ein modernes Vorstadthaus.

Unterschiedlich abgeblätterte Farbflächen auf diesem ansonsten gesichtslosen Haus in Macinaggio in Korsika (*gegenüber, oben links*) lassen Farbe und Textur seiner Fassade zu einem subtilen Gemälde zusammenklingen. Auch die verblassende Sonnenuhr, die mit der Wand des Hauses in Fontvieille zu verschmelzen scheint (*gegenüber, oben rechts*), bietet einen reizvollen Anblick. Immer noch läßt sich die Zeit von ihr ablesen: Es ist gerade 10.30 Uhr.

Natürliche Farbpigmente geben dem Verputz (*crépi*) die entsprechende Tönung; es überrascht also nicht, daß er mit Farben in der Natur harmoniert. Den gelben Mais und die blaue Fensterumrahmung, die sich hier von der Wand eines alten Bauernhauses in Ruffieux, Savoyen, abheben (*gegenüber, unten links*), hätte kein Künstler besser zusammenstellen können.

Eine ähnlich schöne künstlerische Komposition ist im alten Viertel von Nizza durch das Nebeneinander von dunklem Ockerverputz der Wand, gelber Fensterumrandung und abblätternden blaßblauen Fensterläden gelungen (*gegenüber, unten rechts*).

Der Alterungsprozeß gibt einem Haus Charakter, und eine verblaßte Fassade verbirgt in Frankreich oft ein hochklassiges Besitztum (*oben rechts*). Ein mit rostrotem *crépi* verputztes Haus in Sospel, oberhalb Mentons, wirkt als frischer Farbtupfer für seine ganze Umgebung (*unten rechts*).

Ein reichgedeckter Tisch und die im Schatten vor sich hindösenden Hunde scheinen nur darauf zu warten, daß die Bewohner dieses Hauses bei La Garde-Freinet in den Hügeln hinter St Tropez aus den Türen ins Freie treten (*oben links*). Der Tisch steht unter einem schattenspendenden Baum, die Sonne malt ihre Kringel und Tupfer aus Licht auf die Speisen. Die Franzosen essen leidenschaftlich gern im Grünen und genießen es um so mehr, wenn die Umgebung, das Mobiliar und selbst das Porzellan so rustikal wie nur möglich sind. Hier stimmt alles zusammen; Schnittblumen runden das idyllische Bild ab.

Auch hier wieder ein Eßtisch; er wurde unter das Vordach eines restaurierten Schuppens gerückt, um Speisen und Speisende vor der Sonne zu schützen (*unten links*). Die gewölbten rosa Dachpfannen dieses Hauses im Departement Vaucluse sind typisch für die Provence.

Eine kühl und herb wirkende Terrasse in der Camargue (*rechts*) ist an einem heißen Nachmittag, den man in entspannter Faulheit verbringen möchte, die ideale Umgebung. Diese stabile und geschützte Galerie zieht sich an der Breitseite eines südfranzösischen Bauernhauses entlang und dient als Wohn- und Eßzimmer im Freien. Selbst wenn die Sonne am höchsten steht, bleiben die wundervollen kolonialen Peddigrohrstühle im Schatten.

Wenn die Franzosen Gelegenheit haben, draußen an der frischen Luft zu essen, und sie entscheiden sich trotzdem, ihre Mahlzeit im Haus einzunehmen, dann muß das Wetter schon ganz besonders schlecht sein. Sie lieben es nun einmal, in den Straßencafés im Freien zu sitzen und picknicken auch mit Vorliebe am Straßenrand, ganz gleich, wie dicht und wie nah der Autoverkehr an ihnen vorüberbraust.

Die Besitzer dieses eleganten Hauses bei St Rémy speisen jeden Tag vom Mai bis in den Oktober im Freien – außer es ist kalt, stürmisch und feucht. Wie die meisten Provenzalen sitzen sie nicht gern in der prallen Sonne, sondern suchen den Schatten ausladender Bäume; das ist durchaus angebracht, denn ließe man die antiken Eisenmöbel, die sie benutzen, in der Sonne stehen, würden sie sich in glühende Folterinstrumente verwandeln.

Das Haus datiert aus dem 16. Jahrhundert, Anbauten wurden im 19. Jahrhundert hinzugefügt. Von Mauern nach außen hin abgeschirmt, ist dieser umschlossene begrünte Innenhof ein friedvoller Raum in der Natur. Mit seinen großen Bäumen, die vor Sonne und Wind schützen, bietet er die perfekte Umgebung für ein ausgedehntes und genußreiches Mittagessen im Grünen ...

Im Gegensatz zu den oft kleinen, vollgestopften und mit Teppichen ausgelegten Eingangshallen, wie sie wohl jeder von uns schon gesehen hat, sind die französischen gewöhnlich in dem Zustand belassen worden, der ursprünglich von ihren Architekten gewollt war – strahlend und großzügig im unverstellten Glanz von Stein, edlem Marmor und poliertem Holz. Es kann allerdings auch geschehen, daß man eine weiträumige Vorhalle betritt oder eine prächtige Treppe emporsteigt, nur um dann in schlecht proportionierte, geschmacklos eingerichtete Wohnungen geführt zu werden. Die Halle kann ebensosehr täuschen wie die Außenfront.

Oben links: Eine einfache, weiß gestrichene Vorhalle mit einem Schmuckband aus Kacheln und einer Treppe, die ins obere Stockwerk führt. Sie wurde erst vor kurzem aus Material erbaut, das man aus den Abrissen alter Bebauungen zusammengetragen hatte.

Unten links: Eine schon etwas gebrechliche, aber elegante Treppe aus dem 17. Jahrhundert in der Rue Beauregard in Paris. Dort im ersten Stock war es, wo die notorische Giftmischerin La Voisin vor über dreihundert Jahren ihre schrecklichen Morde plante.

Oben rechts: Die geschwungene Treppe im Hôtel »Mansart« nahe der Place de Vosges in Paris wurde im Jahr 1680 von dem Architekten Ludwigs XIV., Hardouin-Mansart, gebaut. Vor kurzem hat sie der Dekorateur Jacques Garcia restauriert, der ihrer kraftvollen Schlichtheit vollen Respekt erwies.

Unten rechts: Eine noch völlig intakte und ursprüngliche Treppe aus dem frühen 19. Jahrhundert in einem Haus in der Provinz. Sie macht eher den Eindruck eines Möbelstücks als den eines Hauptverbindungsweges innerhalb des Hauses.

Gegenüberliegende Seite: Wenn Sie das Glück haben, ein Appartement an der Place de Vosges zu bewohnen, dann sieht ihr Treppenhaus in etwa so aus. Obwohl scheinbar einfach, ist es in seinem rhythmischen Zusammenspiel von Stein, Marmor und Schmiedeeisen ein kompliziertes und wohldurchdachtes architektonisches Meisterwerk.

Diese Seite:
Oben links: In einem alten Landhaus in Aix-en-Provence führt eine rot geflieste Treppe im ockerfarben gestrichenen Treppenhaus ins Obergeschoß.

Oben rechts: Die mittelalterliche Wendeltreppe auf diesem Bild ist eine hübsche Täuschung. Sie gehört nämlich gar nicht in dieses neugotische Haus in Bougival vor Paris, das vor hundert Jahren von einem Schüler Viollet-le-Ducs in Auftrag gegeben wurde. Der Besitzer ließ das Treppenhaus einbauen, weil er den Eindruck erwecken wollte, das Haus sei Hunderte von Jahren alt.

Unten links: Eine schlichte, wie skulptiert wirkende Treppe springt aus der Wand dieser alten umgebauten Mühle und schwebt freitragend im Raum. Hier triumphiert das Ästhetische über das Praktische.

Unten rechts: In französischen Schlössern wie in diesem Stadtpalast im sechzehnten Arrondissement gibt es überwältigend schöne Treppenaufgänge. Die flach angelegten Stufen sind nicht gerade raumsparend, verringern aber die Mühsal des Aufstiegs.

Die Franzosen haben Geschmack. Sie verstehen sich auf die Genüsse der Tafel, schöne Kunst- und Gebrauchsgegenstände, sie haben dekoratives Genie und führten in ganz Europa Manieren, Stil und Etikette ein. Aber die Innenarchitektur rangiert ziemlich am Ende der Liste ihrer Vorlieben. Für Möbel und Haushaltsgegenstände geben sie weniger Geld aus als die meisten anderen wohlhabenden Nationen. Während die Italiener im internationalen Möbel-Design gewaltig an Boden gewonnen haben, sind die Franzosen auf diesem Gebiet zurückgeblieben. Die kleine Gruppe, die sich der modernen französischen Raumgestaltung verschrieben hat, tut dies jedoch mit ungeheurem Enthusiasmus. »Ihre« französische Innenarchitektur besticht durch Originalität und die Bandbreite ihrer Gestaltungs- und Anwendungsbereiche.

Die französische Regierung leistet ihren Beitrag zur Förderung des talentierten Designer-Nachwuchses, indem sie den Elysée-Palast, die Residenz des Präsidenten, regelmäßig neu ausgestalten läßt.

Gegenüber: Das ultra-kühl wirkende Appartement des Origami-Anhängers Christian Astuguevielle ist der japanischen Tradition verpflichtet. Der Künstler hat diese Räume von überflüssigem Beiwerk befreit und neu gestrichen, so daß sie wie ein Gehäuse aus Holz und Papier wirken.

Diese Seite:
Oben: Ein Detail aus dem Château Halard in der Auvergne. Sein Reiz liegt in dem heiteren Farbenspiel hellgelber Türen und traditioneller Tapetenmuster.

Mitte: Die Ausstrahlung dieses Gästezimmers im Departement Charente ist schlicht und anheimelnd. Es ist sparsam möbliert, weiß gestrichen und gefliest.

Unten: Ein ländliches Wohnzimmer mit einfachen Möbeln besticht durch die weiße Zierleiste, weiße Stoffbezüge und den kunstvollen bunten Überwurf.

Ein Appartement in St Tropez (*links*) verdeutlicht einen wichtigen Aspekt französischer Wohnkultur: die Fähigkeit, die ausgewogenen architektonischen Proportionen eines Wohnbereichs zu erhalten und ihm gleichzeitig eine Auswahl von Objekten aus verschiedenen historischen Perioden bis hin zur Moderne einzuverleiben. Die Holzmaserung des alten Parketts verleiht dem Fußboden dieses Raumes seine kräftige Strukturierung. Glänzende ornamentale Zierkunst vergangener Epochen entfaltet sich im reichen Stuckfries der Decke, dem Kamin und dem dekorativen Spiegelrahmen. Dagegen sind die Lampen und das Sofa von betont moderner Linienführung, auch die Keramiken sind ausgesprochen klar geformt. Auch das ist typisch französisch: ein karg und rustikal möbliertes, durch und durch schlichtes Zimmer, das durch einen bunten Stapel von Kissen in traditionellen Farben Leben erhält. Hier besteht der Fußboden aus alten polierten Fichtendielen, die einen herrlichen Kontrast zu den völlig undekorierten Fenstern und Wänden bilden (*oben*). Diese Einrichtung der klaren Form macht sich in einem alten Bauernhaus besonders gut.

Claude Monets Haus in Giverny im Tal der Seine ist von zeitloser Schönheit; in ihm äußert sich die legendäre Sicherheit des Malers im Umgang mit der Farbe. Das kühle, starke Blau der Küche (in der Bretagne und der Normandie alte Tradition) bildet einen wirkungsvollen Rahmen für das leuchtend gelb gestrichene Eßzimmer (*oben links*). Als Maler, der zeitlebens mit den Erscheinungen des Lichts und der Farbe experimentierte, fiel es Monet nicht schwer, die Vorliebe des 19. Jahrhunderts für das Überladene zu ignorieren und seinem Sinn für die schöne klare Form zu folgen. Dem rustikalen Gestaltungsprinzip entsprechend, ließ er Böden und Wände für sich wirken und vermied unruhige, Licht und Farbe absorbierende Teppiche und Wandbespannungen.

Die gleiche ländlich-vornehme Zurückhaltung findet sich in einem Haus in der Provence (*unten links*). Das Eßzimmer ist ein gut proportionierter Raum ohne falsche Pose; seinen glanzvollen Hintergrund bildet Emile Garcins Teller-Sammlung. Symmetrisch gestaltete dunkle Holzregale bergen diesen Reichtum an Farben und Mustern, der jede andere Dekoration in den Schatten stellt. Die Sammlung enthält dunkelgrüne Teller von Lunéville, gebrannte Tonware mit Spargelmuster und antik dekorierte braune Faucon-Teller von den alten Brennereien in Apt. Monets Einfluß macht sich in der Zusammenstellung der Farben bemerkbar. Auch in dem typisch französischen Salon im gleichen Haus (*rechts*) tritt er uns entgegen; hier ist die buntgesteppte Tischdecke Hauptaugenmerk. Imitierte Bambusstühle aus dem frühen 19. Jahrhundert und ein Mosaikfußboden lockern den etwas kühl wirkenden Raum auf.

Angesichts der Vorliebe der Franzosen für die Genüsse der Tafel, sollte die Küche den Mittelpunkt des französischen Heims bilden. Schließlich ist sie der Ort, an dem sich alle zusammenfinden, selbst wenn es sich nur um eine kleine Kombüse in einer Etagenwohnung handelt. Welch eine Ironie des Schicksals, daß so viele Architekten unseres Jahrhunderts versucht haben, die Funktion der Küche als Treffpunkt für die ganze Familie ad absurdum zu führen. Aber die Küche ist nun einmal kein Maschinenraum, der nur zum Kochen dient, sondern der anziehendste Ort zum Schwatzen und zum Essen – besonders an langen, gemütlichen Winterabenden.

Die Eigentümer von Château Margaux im südfranzösischen Bordeaux waren von ihrer weiträumigen mittelalterlichen Küche (*oben*) so angetan, daß sie sie heute als zwangloses Eßzimmer benutzen. Die funkelnden alten Kupfertöpfe und Küchenutensilien setzen den sauber geschrubbten Steinwänden, dem Herd und dem Spülstein warme Glanzlichter auf.

Ländliches Eßgeschirr ist strapazierfähig und zweckmäßig, denn es muß dem täglichen Gebrauch genügen; oft ist es mit hübschen blauen Mustern geschmückt (*links*). Aus diesem Grund sollte man es offen aufbewahren und nicht hinter Schranktüren und in Anrichten verstecken.

Gebrauchstüchtiges und haltbares Material verleiht alten Küchen und Kochutensilien den besonderen Charme von Funktionalität und Persönlichkeit. Es ist ein wahrer Genuß, eine Mahlzeit in einem Raum zu kochen, in dem jede Arbeitsfläche wieder auf Hochglanz gebracht werden kann (*oben*). Hier sehen wir eine klassische französische Küche mit typischen Küchengeräten und Arbeitsflächen, vom soliden eisernen Herd über die Keramikfliesen an der Wand bis hin zum hölzernen Tellerbord, der emaillierten Kaffeekanne, dem funkelnden Dampftopf, und nicht zu vergessen die Tischplatte aus Marmor mit den geschwungenen Wiener Stühlen.

Ein emailliertes französisches Gerätebord zum Aufbewahren der Küchenutensilien (*links*) mit breitem Tropfenfänger sieht fast schon wie ein heiliger Schrein der Küche aus und beweist die bleibende Anziehungskraft funktionalen Designs.

Die französischen Herstellerfirmen produzieren nach wie vor traditionelle Küchengeräte in herkömmlichen Formen und Werkstoffen. Wie schon vor hundert Jahren sind sie auch heute noch äußerst praktisch im täglichen Gebrauch und wirken darüber hinaus besonders dekorativ. Küchenliebhaber in der ganzen Welt rüsten ihre Küchen mit derlei französischen Utensilien aus.

Ein traditionelles französisches Bett (*oben links*) mit seinen quadratischen Kopfkissen, der Messingbettstatt und der einfachen Baumwoll-Steppdecke verspricht komfortable Sinnenfreude.

In einem Haus in Fontarèche, unweit Nîmes', steht dieses Bett aus dem späten 18. Jahrhundert mit der dekorativen gestreiften Matratze (*oben rechts*). Fontarèche ist eine der besterhaltenen römischen Siedlungen Frankreichs, was vielleicht die neoklassischen Anklänge erklärt. Wenn auch die Vorliebe des Besitzers für den französischen Empire-Stil etwas prätentiös erscheinen mag, so ist das Resultat doch erfreulich rustikal. Die gestreiften Stoffe und das einfache Material des Bettes und die anspruchslosen Fliesen, auf denen es steht, geben dem Zimmer eine Atmosphäre gediegener Eleganz.

Dieses Schlafzimmer in einem altehrwürdigen Château (*gegenüber, oben*) ist eine liebenswürdige Bemühung um Symmetrie; aber weil wir uns hier in einer ländlichen Sphäre befinden, ist der Versuch nicht vollkommen gelungen. Die einheimischen Betten zeigen leicht abweichende Details – so passen zum Beispiel die Beine und die Stoffe nicht ganz zusammen. Jegliche Dekoration – außer Blumen – würde in diesem in sich vollkommenen Raum störend wirken.

Rustikale Töpfe und Urnen (die Töpferware ist von Cheret und 1870 datiert) auf einem Bambustisch (*gegenüber, unten*) stehen wie Antiquitäten in diesem hellen, schlichten Raum. Hier wird wieder die französische Begabung unter Beweis gestellt, Objekte verschiedener Perioden mit größter Selbstsicherheit miteinander zu kombinieren. Einzige Bedingung für den Erfolg: ein klassischer Hintergrund. Hier sind es die schlichte weiße Holzverkleidung und der schöne Holzboden, die den Rahmen abgeben. Der Raum ist ein gutes Lehrbeispiel für jeden, der versucht ist, ein Schlafzimmer übermäßig zu dekorieren.

Erste Eindrücke von französischen Badezimmern lassen den Nichtfranzosen oft das Schlimmste befürchten. Neben Waschbecken, die scheinbar auf dem Kopf stehen, und Bidets, vor denen uns Ratlosigkeit erfaßt, ist die Installation an sich reichlich altertümlich. Aber so wie die Franzosen ihre Liebe zur alten klassischen Küche entdeckt haben, sind jetzt die alten üppigen Badezimmereinrichtungen an der Reihe und werden in ganz moderne Umgebungen verpflanzt.

Ein großzügiges Umfeld rückt eine alte Emailbadewanne ins rechte Licht, die würdevoll auf schmiedeeisernen Rollen und Klauen ruht (*oben links*). Der Raum ist funktional, aber auch dekorativ, ohne zu beunruhigen – eine ideale Atmosphäre, um sich in der Wanne zu entspannen.

Ein schön proportioniertes Badezimmer ist mit einem Waschbecken für Sie und Ihn ausgestattet (*unten links*). Diese Becken sind großzügig und flach, weit praktischer als die kleinen Schalen des typisch modernen Designs. Die alten französischen Waschbecken waren unter anderem auch zum Baden der Babys gedacht, was in den modernen Schüsseln nicht mehr möglich ist.

Dieses geräumige Badezimmer in einer provenzalischen Villa mit einer traumhaften Aussicht (*gegenüber*) ist an Luxus wohl kaum mehr zu überbieten. Wanne und Becken aus Steingut werden kontrastreich ergänzt durch den einfachen Holzstuhl und die Sprossenwand, die das Vergnügen des 20. Jahrhunderts an geometrischen Dekorationen symbolisieren. Dem Badezimmer wurde in diesem Hause Vorrang eingeräumt, denn hier sollten die Bewohner den idealen Ort zur Entspannung finden.

Die Qualität der Badezimmerausstattung und der einfache Funktionalismus, dem sie sich unterordnet, präsentieren Stil und Design von ihrer besten Seite.

PRESTIGE DE LA FRANCE: un gros plan de la table bureau dessinée par Jean-Michel Wilmotte pour l'ambassade de France à Washington.
NORMANDIE
LE HAVRE – SOUTHAMPTON – NEW YORK
L'affiche la plus célèbre: celle de Cassandre, dessinée en 193
gée, sublimé par l
de l'époque. Il n
objets, quelques m
ostalgie d'un certai

FRANZÖSISCHES DESIGN

Das französische Design lebt aus der Spannung scheinbar unvereinbarer Gegensätze: Es bewegt sich zwischen dem Primitiven und dem Überfeinerten, dem Bäuerlichen und dem Städtischen, dem Intellektuellen und dem Musischen. Darin offenbart sich die Kluft, die zwischen Stadt und Land, oder besser gesagt: zwischen Paris und dem übrigen Frankreich besteht.

Interessanterweise sind einige der besten Leistungen französischen Designs aus der Synthese seiner Widersprüche entstanden, so zum Beispiel der unverwechselbare »Citroën 2 CV« –, die *typische französische Schöpfung dieses Jahrhunderts. Dem Gestalterteam gelang es, ländliche Robustheit mit städtischem Anspruch zu verbinden. Ursprünglich für den Transport von Kartoffeln oder Schweinen über holprige Feldwege konzipiert, wurde das Auto wegen der ideenreichen Neuerungen, die in ihm steckten – vor allem im Bereich der Technik –, schnell als pfiffiger Stadtwagen, schickes modisches Accessoire und als Arbeitspferd zum Verkaufsschlager.*

Nach dem Zweiten Weltkrieg schien den französischen Designern die Fähigkeit zu solch glücklichen Kompromissen wie dem »2 CV« abhanden gekommen. Offensichtlich konnten sie sich dem übermächtigen Einfluß amerikanischer Ideen nicht entziehen und übernahmen beinahe frenetisch den »modern way of life«, als wollten sie beweisen, daß Frankreich fortschrittlicher sein könnte als jede andere Nation. Dieser Trend wirkte sich vor allem auf die Architektur aus, die zunehmend Szenarios für avantgardistische Filme glich, aber wenig dazu beitrug, die Bedürfnisse der Bevölkerung zu befriedigen. Noch heute gibt es fragwürdige Realisierungen im Mietshausbau.

Die Franzosen verehren den Künstler und den Intellektuellen; sie lieben das rationale Denken – Rationalität, die etwas ausgesprochen Umstürzlerisches an sich hat und häufig zu Revolutionen führt, sei es in der Kunst, in der Politik oder im Design. Das zeigt sich auch im Schaffen vieler Modeschöpfer oder Künstler/Intellektueller, wie zum Beispiel bei Le Corbusier, dessen Ideen die Architektur revolutioniert haben. Zu Beginn seiner Karriere verschrieb er sich mit seinen kubischen »Wohnmaschinen« einer funktionalen und klaren Bauweise, später ging er zu einer mehr subjektiven Stilmischung aus nüchternen, dekorativen und poetischen Elementen über, das heißt: er dachte funktional und künstlerisch.

Philippe Starck ist der einzige zeitgenössische französische Möbeldesigner von internationalem Ruf. Aber selbst er sieht sich vor allem in der Rolle des Künstlers; an Struktur und Funktion dagegen scheint er nicht besonders interessiert, dazu sind seine Arbeiten zu eigenwillig und abstrakt. Als Kunstobjekte sind sie jedoch sehr schön.

Es tut gut, den Blick vom ausgefallenen urbanen Design zur schlichten ländlichen Formgebung zu lenken. Die alltäglichen französischen Gebrauchsgegenstände sind immer noch sehr anziehend und überzeugend gestaltet. So hat sich die Form der eisernen Pfannen und Töpfe nie verändert, ganz einfach, weil man sie nicht besser machen kann. Unter all dem Schicken und Modernen der Neuzeit haben sie immer noch einen hohen Stellenwert. Dieser tiefe Respekt vor der Tradition ist gleichbedeutend mit der Anerkennung des einfachen, funktionalen und effektiven Designs, die sich in vielen Alltagsdingen von heute manifestiert.

In seinem Film »Mon Oncle« aus dem Jahr 1958 (*links, oben und unten*) mokierte sich Jacques Tati über die Leidenschaft seiner Landsleute für alles Moderne, Amerikanische, Plastische, Praktische und Technokratische und ihren Wahn, es sich um jeden Preis anzueignen. Wenn sich die Franzosen einmal für den Sprung ins Wasser entschieden haben, prüfen sie nicht erst vorsichtig die Wassertemperatur, sondern stürzen sich voller Überzeugung Hals über Kopf hinein. In der Regel ist das ja nicht falsch, denn nur so lassen sich neue Ideen in die Tat umsetzen. Auch wenn Ludwig XIV., Napoleon, Giscard d'Estaing, Pompidou oder Mitterrand ein Projekt in Auftrag gaben, ließen ihre Konzeptionen nichts an Radikalität vermissen: Ihre Verwirklichungen mußten stets die kühnsten in ganz Europa sein, wie Versailles, der Arc de Triomphe, die Umwandlung des Gare d'Orsay, das Centre Pompidou oder die Pyramide für den Louvre beweisen.

Aber – und das ist es, was »Mon Oncle« betont – diese Hinwendung zu neuem Ideengut muß dann fragwürdig werden und ernsthaft fehlschlagen, wenn man die Inspiration nur außerhalb sucht und nicht nach innen schaut. Die amerikanischen Dinge galten für eine neue und ganz andersartige, verstädterte Bevölkerung – in Frankreich müssen die gleichen Ideen absurd wirken. Der »style Américaine« wurde einem Land übergestülpt, das eigene und uralte gestalterische Traditionen besitzt und bis zum letzten Krieg mit seinen Innovationen und Designs in ganz Europa bahnbrechend gewesen war. Danach setzte Panik ein, weil die Führung verlorenging. Statt abzuwarten, bis ihre eigenen Designer aufholen würden, übernahmen die Franzosen pauschal fremde Ideen, was zu einer Radikalität um ihrer selbst willen führte.

La Grande Borne beispielsweise (*oben rechts*), an der Peripherie von Paris gelegen, ist eine solche radikal konzipierte Wohnanlage, zugleich jedoch eine der interessantesten und faszinierendsten Leistungen postmoderner Architektur.

Das Centre Pompidou scheint der gleichen betont extremen Konzeption zu folgen, tatsächlich jedoch knüpft es an die lange Tradition der Innovation an. Der französische Präsident zeigte Mut, als er den avantgardistischen Architekten Richard Rogers und Renzo Piano den Auftrag zum Bau des riesigen Hochtechnologie-Gebildes in Rot und Blau direkt im Herzen von Paris erteilte. Es ist ein bemerkenswertes und bewunderungswürdiges Gebäude, aber leider steht es im Widerspruch zu dem weitsichtigen und vernünftigen Grundsatz, den man bisher stets befolgt hatte: moderne Gebäude niemals im Stadtzentrum, sondern immer außerhalb vom Pariser Stadtkern zu errichten.

Es war ein schwerwiegender Fehler, die alten Pavillons von Baltard in Les Halles zu zerstören; zwar konnten sie im modernen Paris für den Großmarkt nicht mehr nützlich sein, aber man hätte sie leicht anderen Zwecken dienstbar machen können. Statt dessen vernichtete man eines der interessantesten Zeugnisse des frühen Eisenbaus und errichtete dafür einen widersinnigen Komplex unterirdischer Geschäfte, die grell und deutlich betonen, daß sie modern und progressiv sind (*Mitte rechts*). Es besteht die Gefahr, daß man sich von ihrer unsensiblen Modernität verführen läßt, wie man sie auch in »La Défense« und in den mächtigen Kaufzentren an der Peripherie jeder größeren Stadt antrifft. Nicht weniger heimtückisch ist der Kitsch, der sich hinter der zur Schau getragenen Schlichtheit einiger moderner Gebäude verbirgt, wie bei diesen Wohnsilos am Strand (*unten rechts*) in La Baule in der Bretagne.

Nach dem Zweiten Weltkrieg wurden viele europäische Nationen mit diesem Problem konfrontiert. Zum einen wollte man mit der übrigen Welt Schritt halten, zum anderen sah man den wirtschaftlichen Vorteil. In Zeiten der Rezession verwendete man billiges Material – und nicht nur da – und verlieh ihm mit einem flotten, glatten Design den Glanz von Modernität, der nur allzu rasch unansehnlich und häßlich wurde.

Die vier französischen Designer-Persönlichkeiten, die ich Ihnen im folgenden vorstellen möchte, haben mich – und die Welt der Formgebung insgesamt – stark beeinflußt.

Andrée Putman ist der Inbegriff und die Verkörperung guten Geschmacks. Ich erinnere mich, einmal in den fünfziger Jahren ein Haus bewundert zu haben, das sie für sich selbst entworfen hatte; damals arbeitete sie noch für Magazine. Ihr größtes Talent liegt in ihrem untrüglichen Auge für Qualität und Eleganz, die sie auf den ersten Blick erkennt. Als Innenarchitektin kann sie wie kein anderer das Luxuriöse und das Praktische miteinander in Einklang bringen. Erst nachdem sie ein Umfeld nach ihren Vorstellungen geschaffen hat, stellt sie die Möbel und anderen Einrichtungselemente her, mit denen sie es ausgestalten will.

Mit ihrer Firma, Ecart International, hat sie sich der Aufgabe verschrieben, die Arbeiten von Eileen Gray, Fortuny, Jean-Michel Franck und Gaudí wieder zum Leben zu erwecken; sie stellt Redesigns von Sofas, Türklinken, Stühlen, Tischen und Lampen her, die in ihrer Zeitlosigkeit gut in die heutigen Wohnlandschaften passen. Neben ihrer Begabung, die besten Designs aufzuspüren und auszuwählen, verfügt sie über genügend Einfluß, Strategie und Geschäftssinn, um ihnen einen weiten Markt zu erschließen.

Denise Fayolle war es als erster vorbehalten, die Auswirkungen des Designs auf den Absatz von Massenartikeln richtig einzuschätzen. Sie trat zu Beginn der fünfziger Jahre in die Firma Prisunic ein – eine Warenhauskette mit über elf Millionen Kunden – und gestaltete die Firma mit ihren zahlreichen Zweigstellen von Grund auf um. Das wirkte sich revolutionierend auf den gesamten Einzelhandel im Bereich des Massenkonsums aus.

Während in jener Zeit Massenartikel und guter Geschmack als unvereinbar galten, führte Denise sowohl mit den Herstellern als auch mit ihren eigenen Mitarbeitern einen Kampf um die Verbesserung des Designs. Als Chefin eines großen Stabes konnte sie sich durchsetzen und organisierte die Umgestaltung der Kettenläden wie auch die Neuverpackung von 22 000 Verkaufsartikeln und erstellte einen Katalog für Einrichtungsgegenstände. Mit dem von ihr entwickelten »Style Prisu« – dem Prisunic-Stil, der Marketing und Design äußerst wirkungsvoll miteinander koppelte – hatte sie sofort durchschlagenden Erfolg.

1967 gründete sie zusammen mit Maimé Arnodin die Werbeagentur Mafia. In den letzten zwanzig Jahren wirkte sie hauptsächlich als Mittlerin zwischen Designern und Händlern; gleichzeitig führte sie ihre Werbeagentur mit großem Erfolg.

Philippe Starck wird im Jahr 2000 seinen fünfzigsten Geburtstag feiern. Zehn Jahre seines Lebens verbrachte er mit Reisen, Träumen und Schriftstellern, dann schneiderte er sich selbst eine Rolle nach Maß, die man in ihrem Aufgabenbereich am besten mit »Botschafter und Werbeträger für die Architektur« umschreiben kann. Seine Inspiration bezieht er aus verschiedenen Gebieten – Soziologie, Elektronik, Politik und Sex – auf seinem Weg als Künstler/Designer unterstützten ihn viel Witz, Humor und Energie. In Paris tragen sehr elegante Plätze seine gestalterische Handschrift, wie zum Beispiel die Diskotheken »Les Bains Douches«, »La Main Bleue« und das berühmte »Café Costes«, für das er jedes Detail der Inneneinrichtung kreierte, einschließlich der Möbel und der außergewöhnlichen Toiletten. Das Urinal dort ist ein Spiel von Glas, Licht und Wasser. Er hat Präsident Mitterrands private Gemächer im Elysée-Palast entworfen und arbeitet mit vielen internationalen Firmen zusammen. Seine Möbel sind nicht immer exklusiv – man findet sie in den Conran-Frankreich-Shops ebenso wie im Katalog der Versandhauskette Trois Suisses – und sie sind auch nicht immer praktisch.

Statt ausgetretenen Pfaden zu folgen, hat er sich dafür entschieden, seinen eigenen Weg zu gehen und bedenkenlos und ohne jede Nostalgie in der Gegenwart zu leben.

Marie-Paule Pellé ist in der Welt der Innenarchitektur international anerkannt. Ihr Können, ihr Wissen und ihre Kreativität sind außergewöhnlich. In Orléans geboren, kam sie zu Beginn der siebziger Jahre nach Paris, wo sie ihre Karriere bei der neugegründeten Zeitschrift »La Maison de Marie-Claire« begann. Ihr großes Talent offenbarte sich rasch; sie zeigte ihren Lesern Wege auf, sich von festgelegten sozialen Zwängen und Ausdrucksformen zu befreien und bewies, daß das moderne Design erschwinglich, schön und erstrebenswert sein kann. Wegen ihrer Stilsicherheit ist sie in ganz Europa sehr gefragt und macht weiterhin ihren Einfluß als Stylistin in so bedeutenden Magazinen geltend wie dem interessanten »100 Ideen«.

In den frühen achtziger Jahren kehrte sie dem allgemeinen Markt den Rücken und gründete das »Décoration Internationale«, ein exklusives und anspruchsvolles Journal für Raumgestaltung mit weitreichendem Einfluß. Alexander Liberman, die legendäre künstlerische Graue Eminenz bei Condé Nast, nahm sie mit nach New York, wo sie als anerkannte Botschafterin des europäischen Geschmacks, eines neuen Wohnstils und neuer Ideen aus Europa alle Register ihrer kreativen Möglichkeiten ziehen konnte. Kürzlich fand sie sogar noch Zeit, die Leitung eines neuen Magazins in Paris zu übernehmen: »Vogue Décoration«.

LYONNAIS
Paris presse l'intransigeant
PFLIMLIN : OUI PROBABLE DEMAIN
LA SEINE MONTE TOUJOURS
France-soir
Pflimlin : 50% de chances de réussite
BYRRH

Die französische Mode ist dank ihrer bewährten handwerklichen Tradition und dem Zustrom junger talentierter Designer immer noch führend in der Welt.

Oben links: Poiret befreite die Frauen vom Korsett und führte weich fließende, hochtaillierte Kleider ein (1914).

Oben Mitte: Schiaparelli brachte Stoffe aus Kunstfasern ebenso in Mode wie den Reißverschluß und die Farbe shocking pink (1937).

Oben rechts: Christian Dior proklamierte Weiblichkeit statt Feminismus: schmale Taille über wippenden Rökken, der »New Look« (1947).

Mitte links: Erst das Comeback der legendären Coco Chanel brachte dem neuen Karriere-Girl seine kleidsame Uniform: den kurzen geraden Rock, das kleine Kostüm und das kleine Schwarze (1968).

Mitte: Courrèges kreierte 1964 den Minirock (1967).

Mitte rechts: Yves St Laurent ist und bleibt der beständigste und phantasievollste Neuerer unter den modernen Modeschöpfern (1977).

Unten links: Sonia Rykiels unstrukturierte Strickkleider inspirierten eine neue Generation (1985).

Unten Mitte: Jean-Paul Gaultier – der einflußreichste Designer der achtziger Jahre (1985)

Unten rechts: Azzedine Alaia betont die Kurven der Figur und einen sexy Gang (1986).

Gegenüber: Givenchy verlieh dem Straßenkostüm neue Eleganz (fünfziger Jahre).

Wenn Sie heute ein modernes Bekleidungsgeschäft in Paris betreten, werden Sie sich wie ein Schauspieler auf einer leeren Bühne fühlen. Diese Läden sind große, dramatisch gestaltete Warenhäuser, deren Angestellte die Aufgabe haben, die neuesten Kreationen und Stilarten vorzuführen, nicht aber, die Kunden zum Kauf zu drängen.

Oben links: Yohji Yamamotos Geschäft in der Rue du Louvre wurde mit Absicht eine Note von Unfertigkeit verliehen. Die Lichtkegel industrieller Scheinwerfer, die auf den Betonboden gerichtet sind, schaffen eine fabrikähnliche Ästhetik, die dazu beitragen soll, die Kleider hervorzuheben, nicht aber die Ausstattung der Verkaufsräume.

Unten links: »Western House« und seine Besitzer Marithé und Francois Girbaud in der Rue Etienne Marcel streben eine weniger extreme Atmosphäre an. Ihre Räume, von den Gestaltern Michel Hamon und Antonia Astori entworfen, sind von einem wärmeren industriellen Stil geprägt. Glatte polierte Böden treten an die Stelle von Yamamotos Beton. Es gibt sogar Stühle, auf denen man sitzen kann und die von Mallet-Stevens entworfen wurden, während subtile Deckenleuchten die Szene in Licht tauchen.

Rechts: Das Geschäft von Jean-Paul Gaultier in der Galerie Vivienne präsentiert einen überraschenden Stil-Mix: Einer streng und nüchtern gestalteten modern-industriellen japanischen Formenwelt sind Zitate aus der Antike gegenübergestellt. Mannequins aus Stahl und Kunstharz winden sich in roboterhaft-verzerrten Positionen und grimassierend auf ihren Sokkeln, die auf nachgebildeten Fragmenten pompejischer Mosaikfußböden ruhen.

VINS
NICOLAS
ALIMENTATION CENTRALE
Vins Nicolas

124
BOULANGERIE PATISSERIE BOULANGERIE

A LA TRUITE AUDOISE
70
70
PÊCHE
CHASSE

EPICERIE
COURDURIES

VIGNAL
HUILES
SAVONS
CAFÉS
HUILES
SAVONS
CAFÉS
Axion
OMO

DROGUERIE
DROGUERIE
PARFUMERIE
A.CLEMENT

Wenn wir nach Frankreich reisen, freuen wir uns neben anderen Dingen auch auf die Geschäfte. Trotz der neuen Entwicklungen können sich dort die alten Läden noch ganz gut behaupten. Die Supermärkte haben ihre Berechtigung für den Großeinkauf von Massenartikeln; sie liegen überwiegend am Stadtrand, wo es genügend Platz gibt, den Wagen zu parken und zu beladen. Der Stadtkern dagegen sollte möglichst auch weiterhin den Spezial- und kleinen Einzelhandelsgeschäften vorbehalten bleiben, bei denen einzukaufen nicht Pflichterfüllung, sondern Sinnenfreude und Genuß bedeutet.

Allen hier vorgestellten Läden ist eines gemeinsam: Man kann es kaum erwarten, sie zu betreten. Die Ladenfronten sind oft in alte Fassaden eingelassen und fallen mit ihren schönen Schildern, Beschriftungen, Farbanstrichen und Auslagen angenehm ins Auge. Selbst der schäbigste traditionelle Laden ist von einem geradezu rührenden Charme.

Ein fest verankerter Respekt für die Tradition mag der Grund dafür sein, daß Frankreich hier bei allem Drang nach dem Neuen auch das Überlieferte pflegt.

Gegenüberliegende Seite:
Oben links: Ein Kolonialwarenladen im Zentrum eines normannischen Dorfes

Oben rechts: Eine traditionelle boulangerie *(Bäckerei) in der Rue Losserand in Paris*

Mitte links: Ein Laden für Anglerbedarf in Limon, in der Region Aude

Mitte rechts: Frische Baumwollgardinen zeigen einen Lebensmittelladen an.

Unten links: Bei Vignal in Marseille gibt es schon seit 1905 Seife und Öl.

Unten rechts: Eine Drogerie in Avignon aus den sechziger Jahren

Rechts: Entwürfe aus dem 18. Jahrhundert für eine Laden- und eine Restaurant-Fassade

Boutique de M. Bertin, Mde de Modes rue de la Loi N°26

Boutique de Mr. Emerie Limonadier Boulevard du Temple.

VOLAILLES
GIBIERS

Von etwa 1855 bis zum Ersten Weltkrieg entwickelten Frankreichs Ladengestalter eine üppige Dekorationskunst. Danach ersetzte der Modernismus aufgrund seiner künstlerisch zurückhaltenderen Sprache die dekorative Detailbehandlung durch graphische Klarheit in der Linienführung.

Das Geflügel- und Wildmosaik in Nizza kommt unmißverständlich zur Sache, während die Glasmalereien in Paris, die man heute noch sehen kann, den wahren Tatbestand verschleiern und einen reichlich romantischen Aspekt der Ware im Innern des Ladens zeigen. Es ist offensichtlich erträglicher, sich beim Anblick einer zufriedenen Kuh auf der Weide mit dem Schlachten von Tieren abzufinden.

Diese Bilder entstammen einer harten industrialisierten Welt und stellten kleine optische Trostpflaster und Fluchtmöglichkeiten aus der Wirklichkeit des anstrengenden Stadtlebens dar. Keine dieser süßen Täuschungen ist große Kunst, aber die Bilder sind Bestandteil einer beliebten Tradition. Ihr Ziel war es, die Stadt ein bißchen freundlicher zu gestalten und dem städtischen Käufer das Land als Quelle des Produkts im Laden näherzubringen.

Gegenüberliegende Seite:
Ein Mosaik aus den dreißiger Jahren an einem Geflügelgeschäft in Nizza

Diese Seite:
Oben links: Eine Bäckerei im Faubourg St Martin in Paris

Oben rechts: Eine ländliche Szene schmückt ein Geschäft in der Rue Ordener in Paris

Unten links: Eine Glasmalerei als Dekoration eines Metzgerladens in der Rue de Passy in Paris

Unten rechts: Detail der Dekoration eines Brotgeschäfts in der Rue Ledru Rollin in Paris

Ein Aushängeschild ersetzt tausend Worte. Die hier abgebildeten Zeichen lassen keinen Zweifel darüber, was in den verschiedenen Läden verkauft wird. Verwundern mag zunächst vielleicht nur der Hase mit der Glühbirne in der Pfote: Er soll ein Elektrogeschäft anzeigen.

Die alte Tradition des Aushängeschildes geht auf die Römerzeit zurück; damals wurden Hopfenbüschel vor die Tavernen gehängt zum Zeichen dafür, daß es frisches Bier gab. Die Idee entwickelte sich im Mittelalter weiter und das Zunft- oder Ladenschild war geboren.

Im Gegensatz zu anderen Ländern ist in Frankreich das Ladenschild nie ausgestorben. Es lebt in vielerlei Ausprägungen fort – vom Makabren bis zum Schrulligen.

Oben links: Eine Schlosserei in der Nähe von Chinon

Oben rechts: Monsieur Bibendum als Zeichen für »Michelin«-Reifen

Mitte links: Ein Elektrogeschäft im Elsaß

Mitte rechts: Ein Neon-Schwein vor einer charcuterie *in Les Halles*

Unten links: Ein altes Hutmachergeschäft in Rodez im Departement Aveyron

Unten rechts: Eine Pferdemetzgerei in Paris

Gegenüberliegende Seite: Das Restaurant »Zur Schnecke« (Escargot) in Paris

CARGO

Trotz ständiger Rationalisierungsprogramme sind die Straßenschilder in Frankreich höchst eigenwillig und verschiedenartig gestaltet. Die kleinen Städte gewinnen durch sie beträchtlich an Charme, und man kann mit Recht behaupten, daß sie nicht ersetzt werden müssen, solange sie ihrer Aufgabe vollkommen gerecht werden. Selbst die Standard-Ortsschilder an jedem Ortseingang und -ausgang haben ein individuelles Schriftbild. In Paris sind die blau-weiß emaillierten Straßenschilder zu einem Symbol für die Stadt geworden, und es wäre Torheit, sie auszutauschen.

Oben links: Das klassische emaillierte Pariser Straßenschild

Mitte links: Das für französische Wegweiser so typische klare Schriftbild mit Straßennummer in Bonnieux in der Region Vaucluse

Unten links: Ein alter Meilenstein auf einem Paß in den Pyrenäen

Rechts: Eine wundervoll verblichene Reklamewand für »Lu«-Butterkekse überragt das Ortsschild, das die Stadtgrenze von Le Havre anzeigt.

PETIT-BEURRE
LU LU
LEFÈVRE UTIL
SILLON DOR
ROCK NEW HAVRE
CONCERT
Petit Théâtre
D 32
LE HAVRE

BYRRH
VIN TO IQUE
BYRRH

Die Straßenreklame unterliegt in Italien und Frankreich weit weniger strengen Regeln und Kontrollen als in England und Deutschland.

Vor der Einführung der offiziellen Werbeflächen und Plakatwände benutzte jeder, der für seine Produkte werben wollte, einfach die Hauswände, und viele davon haben als gemalte Erinnerungen an den Reklamestil vergangener Zeiten bis heute überlebt. So preist die Wandfläche dieses alten Wohnhauses in Dijon (*gegenüber*) immer noch »Byrrh Vin Tonique« an, bis zu dem Tag wahrscheinlich, an dem das ganze Haus der Spekulation und damit der Spitzhacke zum Opfer fallen wird.

In Pont Audemer in der Normandie wurde zu Beginn dieses Jahrhunderts eine kleine Werbefläche mit einem Rahmen aus Kacheln errichtet (*oben links*) – ein wunderschön gestaltetes Gebilde, das die Unbilden der Zeit überdauert hat.

Die »Dubonnet«-Werbung (*oben rechts*) stammt aus dem Jahre 1932 und ist das Werk des brillanten Plakatkünstlers Cassandre. Normalerweise haben dessen Arbeiten längst ihren Platz in den Museen für graphische Kunst gefunden, aber hier in Paris schaut der kleine Mann mit Melone schon über 55 Jahre von der Wand und empfiehlt unverdrossen das rubinrote Getränk.

Emailschilder als Reklametafeln haben sich ebenfalls eines langen Lebens erfreut, und sie sind immer noch aussagekräftig, da ihre Aufschriften und Aussagen den Werbeschildern an Langlebigkeit nicht nachstehen. Die kleine Dorfstraße im Périgord (*Mitte rechts*) gewinnt durch sie an Charakter.

Ein zufälliger Werbe-Mix tritt uns heute in den meisten französischen Stadtzentren entgegen, wie hier (*unten links*) in Paris, wo wir den Plakatkleber bei der Arbeit sehen. Plakatankleber sind vielbeschäftigte Leute, denn das faszinierende bunte städtische Tapetenmuster, das sie schaffen, ist im ständigen Wandel begriffen (*unten rechts*).

Reine de Joie
par
Victor Joze
chez
tous les
libraires

NUNC est bibendum!!...
c'est-
à-
dire :
"À VOTRE SANTÉ
LE PNEU Michelin
BOIT L'OBSTACLE !."

Cie DES WAGONS-LITS
A.M.CASSANDRE
CHEMIN DE FER DU NORD
CHEMINS DE FER BELGES
L'OISEAU BLEU
TRAIN PULLMAN
ANVERS
BRUXELLES
PARIS

Edith Piaf
Joue
La
Petite
Lili
à
l'A.B.C.
Columbia

MAURICE
CHEVALIER

BALLY

y'a bon..
BANANIA
LE PETIT DÉJEUNER FAMILIAL

PERNOD FILS
PERNOD
A.M.CASSANDRE

N
Nectar

Die französische Plakatkunst erreichte in den dreißiger Jahren, als Persönlichkeiten wie Kiffer, Cassandre und Fix-Masseau das Feld beherrschten, ihren Höhepunkt.

Gegenüberliegende Seite: Oben links: Ein amouröses Plakat aus dem späten 19. Jahrhundert von Toulouse-Lautrec. Es wirbt für Victor Jozes Buch »Reine de Joie« von 1892.

Oben Mitte: Auf dem Plakat von Marius Galop aus dem Jahr 1911 tritt zum ersten Mal der »Michelin«-Mann, Monsieur Bibendum, vor die Öffentlichkeit.

Oben rechts: Eisenbahn-Reklame, Cassandre-Plakat von 1929

Mitte links: Konzert-Plakat für Edith Piaf von Gaston Girbal; Paris, 1935.

Mitte: Maurice Chevalier auf einem Plakat von Charles Kiffer, 1936

Mitte rechts: Bally-Schuhe, ein Plakat von Leonette Capiello, 1934

Unten links: »Banania«-Trinkschokolade, anonym, 1959

Unten Mitte: Ein frühes Zeugnis von Photomontage auf einem Plakat von Cassandre für Pernod, 1934

Unten rechts: »Nectar«-Poster für Nicolas-Weine, von Claude Lemeunier, 1938

Rechts: Ein Plakat von Joël Martel von 1926, das für die spanische Tänzerin Herrera wirbt

PRINTEMPS
64, Bd Haussmann
Metro Havre Caumartin
PRINTEMPS
THE MOST
PARISIAN
DEPARTMENT
STORE
LE PLUS PARISIEN
DES GRANDS MAGASINS

Perrier

-Dim, météo et tes bas!
"DIM UP"
DIM
DIM UP

LU
PETIT-BEURRE
NANTES

Die heutige Welt der französischen Reklame hat die im späten 19. Jahrhundert in Frankreich gesetzten hohen Maßstäbe übernommen und fortgesetzt und eine typisch französische Bilder-, Formen- und Vorstellungswelt geschaffen. Heute spielt zwar die Photographie eine größere Rolle als früher und spiegelt die interessantesten Trends aus den modernen Magazinen wider, aber die Illustratoren, die oft noch deutlich von den großen Plakatkünstlern der zwanziger und dreißiger Jahre geprägt sind, bleiben unverzichtbar wie eh und je.

Gegenüberliegende Seite:
Oben links: Plakat für das elegante Warenhaus Au Printemps, 1984

Oben rechts: »Perrier«-Plakat von Bernard Villemot, 1982

Unten links: Zeitschriftenwerbung für »DIM«-Strümpfe, 1986

Unten rechts: Eine Illustration des legendären Folon wirbt für »Lu«-Butterkekse, 1986

Diese Seite:
Oben: Ein für »RATP« entworfenes Plakat, das zum Besuch der Ausstellung »Le musée a le ticket« im Musée de la Publicité in Paris auffordert; März 1983

Unten: Plakat von Références für Chantal Thomass, 1987

Die französischen dekorativen Verpackungen haben sich als langlebig erwiesen – eine einmal etablierte Nahrungsmittelverpackung wird selten verändert.

Oben: Eine verführerische Maid im Hollywood-Stil will zum Genuß des Camemberts aus der Normandie verlocken.

Oben links: Olivenöl-Etikett aus dem Jahr 1910

Oben rechts: Ein Grenadine-Etikett aus dem Jahr 1900

Rechts: Die gesamte Palette der Büchsen und Packungen für »Lu Petit-Beurre«-Kekse; Plakat von Victor Bocchino, um 1900

PETIT-BEURRE
LEFEVRE-UTILE
LU
TRAMWAYS DE NANTES
LEFEVRE-UTILE
BISCUITS
LEFEVRE UTILE

»Klassisches französisches Design« – damit verbindet sich für die meisten Menschen das Bild eines Möbelstücks im Stil Ludwigs XIV., Haussmanns Bebauungsplan von Paris oder ein Abendkleid von Dior. In meinen Augen jedoch erreicht das gestalterische Genie Frankreichs sein höchstes Niveau im Design seiner alltäglichen Gebrauchsgegenstände und in der Verpackung von Massenprodukten. In den Alltagsdingen kommen so viele der Eigenschaften zum Ausdruck, die wir an Frankreich bewundern; so vieles von seiner Stilsicherheit, seinem Sinn für die schöne, klare Form und seiner Kraft zur Innovation ist in sie eingeflossen und wirkt weltweit geschmacksbildend.

Wenn die Franzosen Seriosität anstreben, sei es beim Design eines Buches, einer Zeitung oder eines Etiketts für eine gute Flasche Wein, lassen sie sich auf keine spielerischen Experimente ein, sondern gehen den klassischen Weg. So ist »Le Monde« zum Beispiel in ihrem Druckbild absolut altmodisch, und Gallimard würde sicher nie mit seinen cremefarbenen Einbänden und der klassisch-schlichten Typographie herumexperimentieren. Im Umgang mit guten und gesunden Nahrungsmitteln greift man zu schlichten und rustikalen Verpackungen und traditionellen Etiketten, die signalisieren, daß sich ihr Inhalt ebensowenig verändert und ebenso von modernen Zusätzen frei bleibt wie die Umhüllung.

Das Kino nimmt in der französischen Kultur einen bedeutenden Platz ein, was sich in den Designs aus den dreißiger und vierziger Jahren deutlich zeigt. Die Packung »Gitanes« strahlt etwas von der Atmosphäre des »film noir« aus, deren Helden aus Wolken von Zigarettenrauch aufzutauchen pflegten. Cartoons und Comics spielen auch eine Rolle; ihr Einfluß schlägt sich in strahlend bunten Bildern und einer farbenfrohen Typographie nieder.

Die Franzosen überraschen uns immer wieder damit, wie selbstverständlich sie derbe Alltagsdinge zu etwas Feinem und geschmacklich Anspruchsvollem verwandeln. Sie tun dies, indem sie in bester Handwerkskunst Dinge aus gutem Material herstellen, die durch und durch praktisch und handlich sind, aber auf jeden dekorativen Zierat verzichten, daher rührt beispielsweise der überwältigende Erfolg der »Le Creuset«-Pfannen und -Töpfe oder des unverwechselbaren »Citroën 2 CV«.

Wenn ein Produkt Klasse und Qualität deutlich signalisieren und zu seiner Hauptaussage machen soll, bedarf es auch eines klassischen Erscheinungsbildes, das dann der Designer entwirft. Die »Perrier«-Flasche enthält zwar nur Wasser, wird aber mit großem Aplomb präsentiert. Nicht weniger gelungen ist die Flasche für »Chanel N° 5«. Es gibt ja wirklich Tausende von wunderschönen Parfüm-Behältern, aber in der Form dieser Flasche verkörpert sich von der kleinsten bis zur größten die reine klassische Perfektion.

Ricard verläßt sich beim Design seiner Pastis-Flasche auf die Tradition und führt erhaltene Auszeichnungen auf dem Etikett an. Der modern anmutende Aschenbecher verrät die Ära der fünfziger Jahre, die 1965 entworfene Wasserkaraffe wiederholt das farbenfrohe Schriftbild und die eckigen Formen des Aschenbechers.

Das erste Wegwerf-Feuerzeug namens »Tubagaz« wurde von der Firma Dupont entwickelt, dann aber unter dem Namen »Cricket« von Feudor übernommen.

Die »Gauloises«-Packung mit dem gallischen Emblem gestaltete Jacno im Jahr 1946.

Le Monde

»BIC« – der von Baron Bic kreierte und 1950 zum ersten Mal produzierte Kugelschreiber

Die Aufmachungen der Marmelade »Bonne Maman« und des Senf »Pommery« vermitteln den Eindruck gesunder ländlicher Qualität.

Die 1906 entworfene »Perrier«-Flasche. Ihr Design wurde von der hölzernen Gymnastik-Keule des Engländers St John Harmsworth inspiriert, der die Rechte zur Abfüllung besaß.

»Lu«-Kekse

Traditionelle Spanschachtel mit bäuerlichem Etikett für die »Madeleines La Cloche d'Or« (Sandplätzchen) – unverändert seit 1760

»Kub« kam 1907 in einer roten Aufmachung auf den Markt; das ursprüngliche Design wurde für das Redesign von »Kub Or« im Jahre 1958 übernommen.

»La Vache Qui Rit« – ein Käse mit lustigem Image für den Supermarkt

»Le Petit Marseillais« – seit über hundert Jahren unveränderte Seife aus reinem Olivenöl

Die Autorität Napoleons als Image für einen Camembert

Traditionelle Verpackungen für traditionelle Produkte

Das graphische Design der »Gitanes«-Packung ist von Max Ponty und stammt aus dem Jahre 1947.

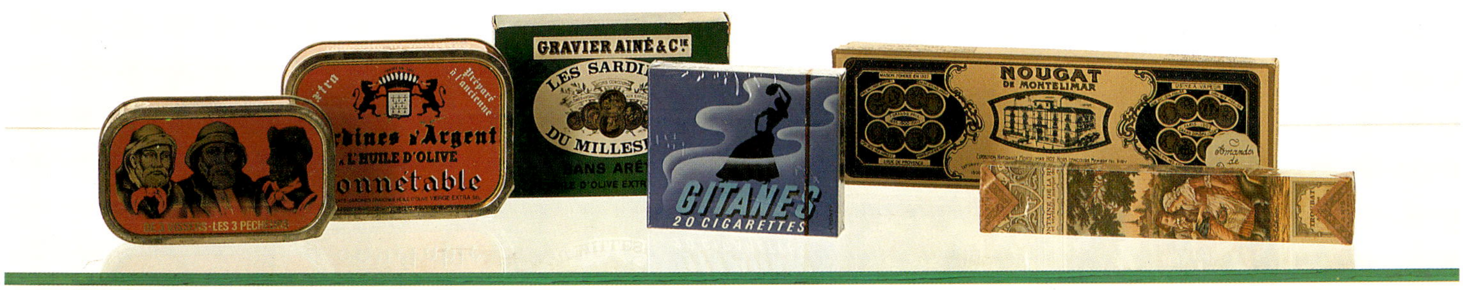

Klassisches weißes Porzellan

Die Kaffeemaschine – abstrakter Funktionalismus in der Formgebung des Italieners Calimani, 1933; im Laufe der Jahre noch weiter verfeinert

Die Champagner-Flasche, ohne großartiges Etikett, in ihrer ganzen Schlichtheit – simple Symmetrie mit einem praktischen, abgeflachten Korken. Ursprünglich war die Flasche bauchiger, die jetzige Form wurde in den achtziger Jahren des vorigen Jahrhunderts übernommen.

Hexagonale schwere Tasse und Untertasse aus Porzellan, wie sie in den Cafés in ganz Frankreich Verwendung finden

Klappmesser aus unlegiertem Stahl, 1909 von Joseph Opinel in Albiez le Vieux bei Lyon entworfen

Kaffeeschale

Suppenschüssel

Schulheft mit gesprenkeltem Schutzumschlag

»Michelin«-Straßenkarte und »Guide Michelin« aus dem Jahre 1900

Ein Buch aus dem Verlag Gallimard – Typographie, Layout und Farbe basieren auf dem klassischen Design des Hauses von 1911.

»Citroën 2 CV« – der erste Prototyp von 1939

»Le Parfait« – luftdicht verschließbares Vorratsglas; Entwurf aus dem Jahre 1950

Salat-Schwenker, von Sträflingen produziert

Halbmondförmiges Wiegemesser

»Le Creuset« – eine Schöpfung aus den dreißiger Jahren von Jacques Obeque; die Kasserole basiert jedoch auf einem alten Design aus dem Jahre 1553.

»Sabatier«-Messer, 1885 von Masset gestaltet

Café-Streichholzbehälter mit Reibefläche

Auflaufförmchen aus Porzellan oder Soufflé-Förmchen

Besteck, für Scof von Jean-Emmanuel Bodinat im Jahre 1975 gestaltet

Glasfigur, von Lalique 1928 als Automaskottchen entworfen

»Chanel N°5«-Flasche, Design 1925 von Jean Helleu

Armbanduhr mit eckigem Zifferblatt, 1917 von Cartier gestaltet

INDEX

Kursive Seitenzahlen verweisen auf Abbildungen bzw. Bildlegenden.

Bildnachweis
Der Verlag dankt folgenden Fotografen und Organisationen für ihre freundliche Abdruckgenehmigung:

1 Guy Bouchet; **2** Raymond de Seynes; **3** Christian Sarramon; **4** Gilles de Chabaneix; **6** Sir Terence Conran; **8 oben** Sabine Weiss/Rapho; **8 Mitte** Rex Features/SIPA/Nicolas; **8 unten** Alain Kubacsi/Explorer; **9 oben links** Tessa Traeger; **9 oben rechts** Denis Hughes-Gilbey; **9 Mitte links** John Garrett; **9 Mitte rechts** Denis Hughes-Gilbey; **9 unten links** Richard Kalvar/Magnum/John Hillelson Agency; **9 unten rechts** Chito/ANA/John Hillelson Agency; **10 oben links** Germain/Rapho; **10 oben Mitte** Christian Errath/Explorer; **10 oben rechts** Alex MacLean/Conran Octopus; **10 Mitte links** Jeannine Niepce/Rapho; **10 Mitte** Alexandre Bailhache; **10 Mitte rechts** Michelangelo Durazzo/ANA/John Hillelson Agency; **10 unten links** Hervé Gloaguen/Rapho; **10 unten Mitte** Jean-Paul Dumontier; **10 unten rechts** Hervé Gloaguen/Rapho; **11** *Miss Selfridge;* **12 oben** Dick Scott Stewart; **12 Mitte** Patrick Ward; **12 unten** Guy Bouchet; **13 oben** Christian Sarramon; **13 Mitte** Michael Busselle; **13 unten** Bruno Barbey/Magnum/John Hillelson Agency; **14 oben** Alex MacLean/Conran Octopus; **14 unten** Jacques Gayard/REA; **14/15** Daily Telegraph Colour Library/Graham Harrison; **16 oben links** John Heseltine; **16 oben rechts** Denis Hughes-Gilbey; **16 Mitte links** Christian Sarramon; **16 Mitte rechts** Alexandre Bailhache/Conran Octopus; **16 unten rechts** Michelangelo Durazzo/ANA/John Hillelson Agency; **16 unten rechts** Robert Harding Picture Library/Christine Gascoigne; **17** Jean-Paul Dumontier; **18** Dick Scott Stewart; **19 oben links** Rex Features/SIPA/Stumpf; **19 oben rechts** Ernst Haas/Magnum/John Hillelson Agency; **19 Mitte links** Jean-Paul Dumontier; **19 Mitte rechts** Alex MacLean/Conran Octopus; **19 unten links** Dick Scott Stewart; **19 unten rechts** Alex MacLean/Conran Octopus; **20 oben** Guy Bouchet; **20 unten** Susan Griggs Agency/Adam Woolfitt; **21 oben** Caroline Lespinasse/REA; **21 unten** Jean-Noël Reichel/Agence Top; **22** Sir Terence Conran; **24** Zefa Picture Library; **25 links** Musée de la Publicité – Paris; **25 oben rechts** Jean-Paul Dumontier; **25 unten rechts** Susan Griggs Agency/Cotton Coulson; **26** Denis Hughes-Gilbey; **27** Serge Chirol; **28 links** Raymond de Seynes; **28 rechts** Philippe Perdereau und Brigitte Thomas; **28/29** Robert Harding Picture Library/Walter Rawlings; **30 oben** Philippe Perdereau und Brigitte Thomas; **30 Mitte** Alexandre Bailhache; **30 unten** The Photographers' Library; **31** Patrick Eagar; **32 oben** Georges Carde/Explorer; **32 Mitte** Anne Gaël; **32 unten** Denis Hughes-Gilbey; **33** Gilles de Chabaneix; **34/35** Francis Jalain/Explorer; **35** Philippe Perdereau und Brigitte Thomas; **36** Philippe Perdereau; **37** Peter Baistow; **38** Michèle Lamontagne; **39** Philippe Perdereau; **40/41** Philippe Perdereau und Brigitte Thomas; **42 oben** Georges Carde/Explorer; **42 unten** Musée de la Publicité – Paris (© DACS, 1987); **43** Guy Bouchet; **44 links** Art Directors Photo Library; **44 rechts** Homer Sykes; **45 oben** Bachoffner/Gamma/Frank Spooner; **45 unten** Homer Sykes; **46 ganz oben** Philip Plisson/Explorer; **46 oben** Neil Holmes; **46 unten** Andy Hasson; **46 ganz unten** Francis Jalain/Explorer; **46/47** Joël Ducange/Agence Top; **48 oben** Pascal Hinous/Agence Top; **48 Mitte** Jean-Paul Dumontier; **48 unten** Christian Weiss/REA; **48/49** Christian Weiss/REA; **50 oben** Susan Griggs Agency/John G. Ross; **50 unten** Anthony Blake Photo Library; **51 oben links** Robert Estall; **51 oben rechts** Jean Gaumy/Magnum/John Hillelson Agency; **51 unten** Luc Choquer/VU; **52 oben** Eric Rocel/REA; **52 unten** Pierre Hussenot/Agence Top; **53** Hervé Gloaguen/Rapho; **54/55** Guy Bouchet; **56 oben links** Anne Gaël; **56 oben rechts** Christian Sarramon; **56 Mitte links** Raymond de Seynes; **56 Mitte rechts** Denis Hughes-Gilbey; **56 unten links** Robert Tixador/Agence Top; **56 unten rechts** Henri Cartier-Bresson/Magnum/John Hillelson Agency; **57** Denis Hughes-Gilbey; **58 oben** Christian Sarramon; **58 unten** Eddy Posthuma de Boer; **59 oben** Susan Griggs Agency/Adam Woolfitt; **59 unten** Raymond de Seynes; **60/61** Sir Terence Conran; **63** Rosine Mazin/Agence Top; **64/65** Norman Parkinson Ltd.; **66** Lauros – Giraudon/Art Institute of Chicago (© ADAGP, 1987); **67 links** Jean-Paul Dumontier; **67 rechts** BBC Hulton Picture Library; **68** Jean-Philippe Charbonnier/Agence Top; **69** Rosine Mazin/Agence Top; **70/71** Yann Arthus-Bertrand/Explorer; **72 oben** Raymond de Seynes; **72 unten** Christian Sarramon; **73** Rosine Mazin/Agence Top; **74 oben** Rex Features/SIPA/Stumpf; **74 Mitte** Christian Sarramon; **74 unten** Rosine Mazin/Agence Top; **75** Christian Sarramon; **76/77** Yann Arthus-Bertrand/Explorer; **78 oben** Patrick Lorne/Explorer; **78 unten** Gilles de Chabaneix; **79** Alex MacLean/Conran Octopus; **80 oben links** Francis Jalain/Explorer; **80 oben rechts** Alex MacLean/Conran Octopus; **80 Mitte** Alex MaxLean/Conran Octopus; **80 unten links** Alex MacLean/Conran Octopus; **80 unten rechts** François Le Diascorn/Agence Top; **81** Raymond de Seynes; **82/83** Jean-Pierre Couderc/Agence Top; **84** Jean-Paul Nacivet/Explorer; **85** Jean-Paul Dumontier; **86 oben** Gilles de Chabaneix; **86 unten** Andrej Reiser/Bilderberg; **87 oben** Rex Features/SIPA/Stumpf; **87 unten** Rex Features/SIPA; **88 oben** Rosine Mazin/Agence Top; **88 Mitte** Serge Korniloff; **88 unten** Serge Korniloff; **89** Serge Korniloff; **90** Sir Terence Conran; **92** Terry McCormick/Conran Octopus; **92** *Gilles de Chabaneix;* **93 oben** Philippe Perdereau und Brigitte Thomas; **93 Mitte** Francis Jalain/Explorer; **93 unten** Jean-Paul Dumontier; **94 oben** Philippe Perdereau und Brigitte Thomas; **94 unten** Robert Estall; **94/95** Christian Sarramon; **96 oben** Michael Busselle; **96 unten** Denis Hughes-Gilbey; **97 oben** Alexandre Bailhache; **97 unten** The Image Bank/Peter Miller; **98–105** Alex MacLean/Conran Octopus; **106** Hervé Gloaguen/Rapho; **107 oben** Philippe Perdereau und Brigitte Thomas; **107 Mitte** Christian Sarramon; **107 unten** Jean-Paul Dumontier; **108 oben** Remi Michel/Rapho; **108 unten** Jean-Paul Dumontier; **109 oben** Denis Hughes-Gilbey; **109 Mitte** Joël Ducange/Agence Top; **109 unten** Jacques Gayard/REA; **110 oben** Denis Hughes-Gilbey; **110 unten** Retrograph Archive Collection, London; **111 oben** Robert Estall; **111 unten** Rosine Mazin/Agence Top; **112 oben** Caroline Lespinasse/REA; **112 unten** Christian Sarramon; **113 oben** Philippe Roy/Explorer; **113 unten** Jean-Paul Dumontier; **114 oben** Jean-Paul Dumontier; **114 Mitte** Anne Gaël; **114 unten** Raymond de Seynes; **115** Susan Griggs Agency/Adam Woolfitt; **116** Rosine Mazin/Agence Top; **117 oben** Christian Sarramon; **117 Mitte** Jacques Gayard//REA; **117 unten** Robert Harding Picture Library/Michael H. Black; **118 oben** Jacques Gayard/REA; **118 unten** Jean-Guy Jules/ANA/John Hillelson Agency; **119 oben** Rosine Mazin/Agence Top; **119 unten** The Image Bank/Bernard Roussell; **120** Rosine Mazin/Agence Top; **121 oben** Christian Sarramon; **121 Mitte** Jacques Gayard/REA; **121 unten** Christian Sarramon; **122** Michael Busselle; **122/123** Charlie Waite/Landscape Only; **124/125** Jean-Paul Dumontier; **126 oben links** Denis Hughes-Gilbey; **126 oben rechts** Christian Sarramon; **126 unten** Christian Sarramon; **127** Christian Sarramon; **128 oben links** Robert Harding Picture Library/Robert Cundy; **128 oben rechts** La Maison de Marie Claire/Gilles de Chabaneix; **128 Mitte links** Lavalette/Vloo; **128 Mitte rechts** Sellier/Vloo; **128 unten links** B. Thomas/Explorer; **128 unten rechts** Philippe Perdereau; **129** Christian Sappa/CEDRI; **130 oben links** Christian Sarramon; **130 oben rechts** Charlie Waite/Landscape Only; **130 Mitte links** Francis Jalain/Explorer; **130 unten** Christian Sarramon; **131** Christian Sarramon; **132 oben** Susan Griggs Agency/Monique Jacot; **132 unten** Denis Hughes-Gilbey; **133 oben** Guy Bouchet; **133 unten** Stafford Cliff; **134** Christian Sarramon; **135 links** Christian Sarramon; **135 rechts** Hervé Gloaguen/Rapho; **136** Jean-Erik Pasquier/Rapho; **137** Serge Korniloff; **138 oben links** Jean Mounicq/ANA/John Hillelson Agency; **138 oben rechts** Denis Hughes-Gilbey; **138 unten** Jean Mounicq/ANA/John Hillelson Agency; **139 links** Denis Hughes-Gilbey; **139 rechts** Michelangelo Durazzo/ANA/John Hillelson Agency; **140 oben** Jean-Paul Dumontier; **140 unten** René Volot/Explorer; **141 oben** Serge Chirol; **141 unten** Ciccione/Rapho; **142** Sir Terence Conran; **144 oben** Jean Gaumy/Magnum/John Hillelson Agency; **144 unten** Jean-Paul Dumontier; **145 links** Photographers' Library/Mike Busselle; **145 rechts** Christian Sarramon; **146 oben** Jean-Paul Dumontier; **146 unten links** Jean Gaumy/Magnum/John Hillelson Agency; **146 unten rechts** Jean-Paul Dumontier; **147 oben** Bernard Descamps/VU; **147 unten** Antoine Rozès; **148 oben** Robert Estall;

CARTE AGRICOLE
N° 6

GÉOGRAPHIE ÉCON
ALIMENTATION - LE

LES FILS D'ÉMILE DEYROL

ÄGYPTEN

Das Reich der Pharaonen aus der Luft betrachtet

Marilyn Bridges

Einleitung von Penelope Lively

verlegt bei Kindler

Die amerikanische Originalausgabe erschien unter dem Titel »Egypt. Antiquities from Above«
bei Bulfinch Press, Boston.
Bulfinch Press is an imprint and trademark of Little, Brown and Company (Inc.)

Aus dem Amerikanischen von Ulrike von Sobbe

Frontispiz: Der Große Tempel von Ramses II. und der Nasser-See, Abu Simbel, 1993

Die Deutsche Bibliothek - CIP-Einheitsaufnahme

Ägypten : das Reich der Pharaonen aus der Luft betrachtet / Marilyn Bridges.
Einl. von Penelope Lively. [Aus dem Amerikan. von Ulrike von Sobbe]. –
München : Kindler, 1996
Einheitssacht.: Egypt <dt.>
ISBN 3-463-40292-0
NE: Bridges, Marilyn; Lively, Penelope; Sobbe, Ulrike von [Übers.]; EST

Umschlaggestaltung: Graupner & Partner, München
Umschlagfoto: Marilyn Bridges
Satz: Ventura Publisher im Verlag
Printed in the United States of America
ISBN 3-463-40292-0

5 4 3 2 1

INHALT

Den Menschen in Ägypten,
deren Vorfahren
diese großartigen Bauwerke errichtet haben.

DANK

Allen, die dazu beigetragen haben, daß dieses Buch entstehen konnte, möchte ich von Herzen danken, besonders:
meinen ägyptischen Freunden für ihre großzügige Unterstützung, vor allem Dr. A. A. Abdullah und Captain Yahia el Agaty;
dem ägyptischen Verteidigungsministerium für die Erlaubnis, über Sperrgebiet zu fliegen, und der ägyptischen Luftwaffe für ihre Begleitung mit hocherfahrenen Piloten;
Dr. Dieter Albert und Dr. Dorothea Albert vom New Yorker Metropolitan Museum of Art, deren Rat für mich unschätzbar wertvoll gewesen ist;
Felicia Murray, Tom Bridges und David Blust, die mir daheim – am Boden – stets zur Seite gestanden haben;
Janet Bush, meiner Lektorin, die von Anbeginn an dieses Projekt geglaubt hat;
und meiner Mutter Elizabeth Davis (1916 bis 1995), die mir die Kraft gegeben hat, meine Träume in Taten umzusetzen.

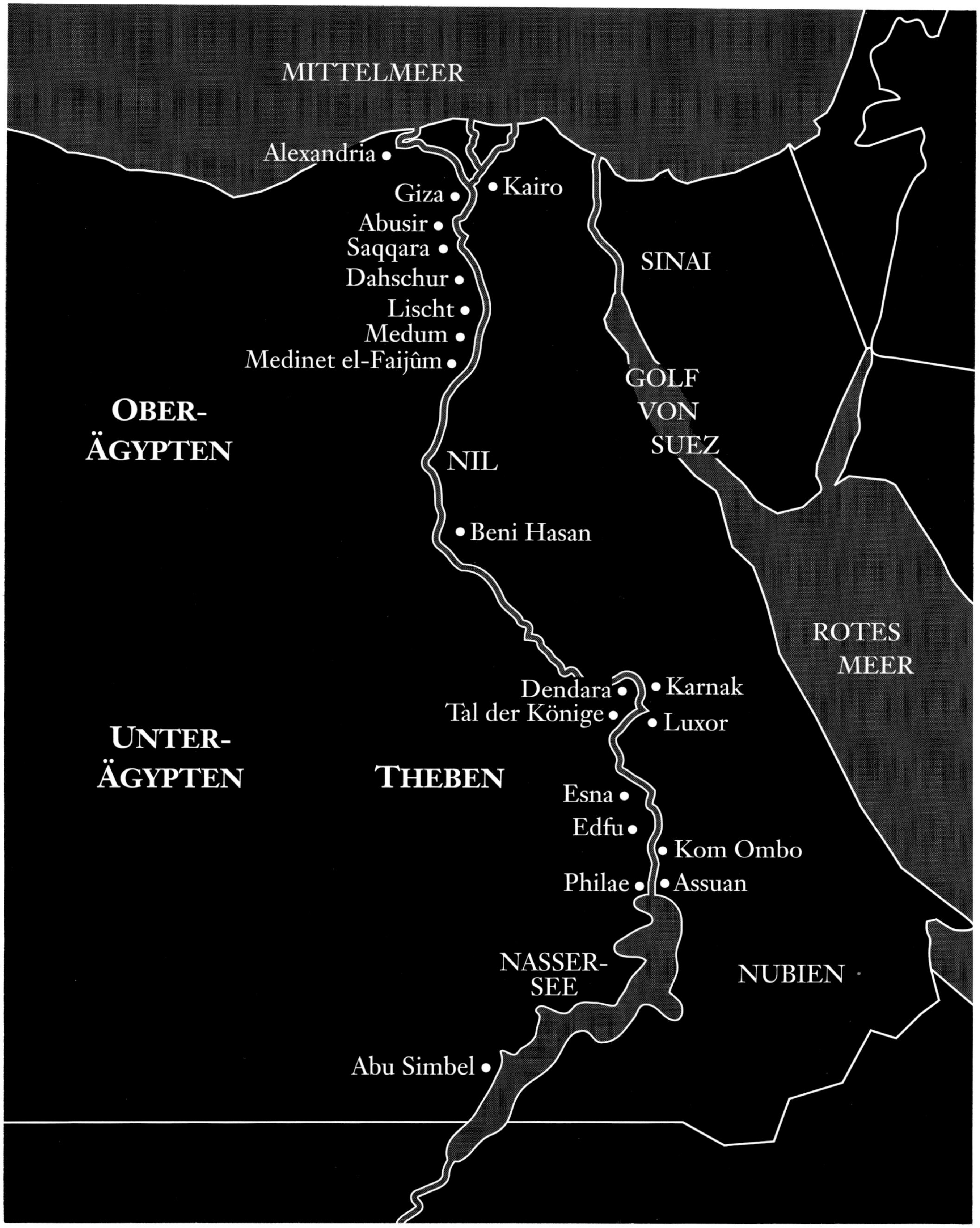
MITTELMEER
Alexandria
Giza
Kairo
Abusir
Saqqara
Dahschur
Lischt
Medum
Medinet el-Faijûm
SINAI
GOLF
VON
SUEZ
OBER-
ÄGYPTEN
NIL
Beni Hasan
ROTES
MEER
Dendara
Karnak
Tal der Könige
Luxor
UNTER-
ÄGYPTEN
THEBEN
Esna
Edfu
Kom Ombo
Philae
Assuan
NASSER-
SEE
NUBIEN
Abu Simbel

Die drei Pyramiden von Giza mit Kairo, 1993

EINLEITUNG

von Penelope Lively

Eine Reise an den Nil ist eine ungewöhnliche Erfahrung. Die gewaltigen Monumente – die Pyramiden, die Tempel, die Gräber – machen dem Betrachter seine eigenen Dimensionen klar. Er fühlt sich in jeder Hinsicht klein – angesichts der Gesteinsmassen und der enormen Zeitspannen, die mit ihnen verbunden sind. Ein einzelnes Menschenleben zählt nichts vor dem ewigen Blick der Figuren in Abu Simbel oder vor den faszinierenden, bis heute gültigen Darstellungen des Alltagslebens auf den Wandmalereien der Gräber. Die hinreißenden Fotos von Marilyn Bridges verstärken diesen Eindruck noch, weil sie es dem Betrachter ermöglichen, die Monumente aus einer Warte anzusehen, die das menschliche Dasein nahezu auslöscht. Die Tempel von Luxor erscheinen als gemeißelte Denkmäler, neben denen die Menschen wie Ameisen wirken. So als könnte ein göttlicher Finger sie jederzeit zerquetschen.

Die Bilder wollen sich nicht recht in die Zeit fügen. Das Tal ist eine der dichtestbevölkerten Regionen der Welt, ein Streifen Land, der dank der Schlammassen, die der Nil alljährlich heranspült, außerordentlich fruchtbar ist und auf dem es seit frühester Vorgeschichte Menschen gibt. Das stille, fast unmenschliche Überdauern der Monumente bildet ein unzeitgemäßes Zeugnis von den vielen Generationen, die an ihnen vorbeigezogen sind. Die Bauwerke wurden von Menschenhand errichtet – die Große Pyramide etwa von hunderttausend schwitzenden, schuftenden, erschöpften Männern, die von den Ufern des Nils die riesigen Steinquader heranschleppten. Und bei diesem Gedanken verschwinden plötzlich die Pharaonen und Götter, und statt ihrer taucht das Gewimmel von Männern, Frauen und Kindern auf, deren Nachkommen noch heute hier leben. Viele verrichten noch immer die gleiche Arbeit wie ihre Vorfahren und versuchen, aus dem Schlamm des Flusses ihr Leben zu bestreiten.

Ich bin in dieser Landschaft aufgewachsen, ein paar Meilen außerhalb von Kairo, und wenn ich mir die Bilder von damals heute ins Gedächtnis zurückrufe, sehe ich eine Szene geschäftigen Treibens vor mir. Auf den Feldern mit Zuckerrohr und Lupinen beugen sich Männer und Frauen über ihre Arbeit, während Kinder Kamele führen oder einen Esel antreiben, der so beladen ist, daß nur noch vier Hufe unter einem Berg Zuckerrohr oder Grünzeug zu erkennen sind. Es erinnert an bäuerliches Leben im Mittelalter, das jedem Menschen der westlichen Welt, wo man Landwirtschaft mit einem Traktor assoziiert, höchst befremdlich vorkommen muß. Als ich ein paar Jahre später nach England kam, sah ich voll Verwunderung die einsamen Felder und Wege in Somerset. Wo waren denn die Menschen?

Das Leben am Nil war kurz. Zu meiner Kinderzeit betrug die Lebenserwartung eines ägyptischen Bauern etwa 40 Jahre und war damit vermutlich ähnlich niedrig wie in der Antike. Überall herrschten Armut und Krankheit. Die Wasser des Nils, die unendlich viel Leben spenden, tragen auch zu seiner Vernichtung bei, weil sie die Erreger der

Die Große Sphinx von Süden, Giza, 1993

Bilharziose mit sich führen, jener verheerenden Krankheit, die viele Fellachen befällt. Heute allerdings geht die Zahl der Betroffenen zurück. Das gleiche gilt für das Trachom, eine Augeninfektion, die fast immer zur Erblindung geführt hat. Wenn ich heute nach Ägypten komme, erscheinen mir die Menschen widerstandsfähiger, weniger kränkelnd zu sein, auch die Kinder sehen größer und gesünder aus. Komischerweise haben sie für mich jetzt Ähnlichkeit mit den Figuren auf den Grabgemälden: jenen eleganten und selbstsicheren Menschen aus den Tagen der Pharaonen, die sich ganz dem Fischen, dem Jagen und dem Einfangen von wilden Vögeln hingeben oder vollauf damit beschäftigt sind, die Götter günstig zu stimmen, jenen launischen Autokraten, die sie jeden Augenblick mit Tod und Verderben überziehen können.

Sterblichkeit ist das Thema des Niltals. Die großen Monumente sind Zeugnisse der Auflehnung – der Versuche von Königen und Königinnen, über das Menschenmaß hinauszuwachsen. Und auf eine seltsame Weise ist es ihnen gelungen. Ihre Religion war darauf bedacht, die Seele für das Leben nach dem Tode auszustatten – eine stillschweigende Ablehnung des Unannehmbaren. Das Leben war kurz, der Tod allgegenwärtig – also stellte man hartnäckig sicher, daß die eigene Seele und die der Vorfahren mit allem versehen waren, was man zum Weiterleben brauchte: Speis und Trank ebenso wie Annehmlichkeiten und Besitz. Und wer in der glücklichen Lage war, über unerschöpfliche Arbeitskräfte zu verfügen, ließ sich zum ewigen Ruhm eine Pyramide oder einen Tempel bauen.

Die Landschaft von heute bildet ein Kaleidoskop, in dem alles nebeneinander auftaucht: die Pyramiden, Tempel und Gräber der ägyptischen Antike neben den Ruinen der Griechen und Römer, den Moscheen der Mamelucken und den erhalten gebliebenen Bauten Kairos aus dem 18. und 19. Jahrhundert. Ein Tempel steht wie selbstverständlich neben einem zeitgenössischen Backsteinbau, aus dem Gewirr eines neuzeitlichen Slums erhebt sich eine mittelalterliche Moschee. Marilyn Bridges' Aufnahme von Luxor zeigt den Tempel wie ein stolzes Schiff, das neben dem Durcheinander der heutigen Stadt vor Anker gegangen ist. Die Vergangenheit ist immer im Blick – man berührt sie mit dem Fuß, steht ihr unvermittelt hinter der nächsten Ecke gegenüber oder bewegt sich in ihrem Schatten. Das ganze Land wirkt wie ein riesiger Scherbenhaufen der Geschichte – kaum hat man ein wenig Sand oder Erde beiseite geschaufelt, stößt man auf Splitter von Tonkrügen, Münzen, Perlen: alles ebenso stille wie beredte Zeugnisse vergangener Generationen.

Als ich noch sehr jung war, sechs oder sieben ungefähr, nahm man mich auf eine ganz besondere Reise in die Wüste mit. Wir wollten Ausgrabungen besuchen. Ich erinnere mich, wie ich inmitten der kahlen Dünen stand und auf eine flache runde Mulde hinunterstarrte, in der die zarten Umrisse eines Skeletts lagen, wie ein Muster, das der Wind in den Sand geblasen hatte: die Abdrücke der Rippen, der Fächer einer Hand. Und mir ging auf, daß dies einst ein Mensch gewesen war, der geatmet hatte und umhergegangen war, wie ich es jetzt tat. Ich bekam eine erste Vorstellung davon, was Zeit und Sterblichkeit bedeuten. Heute weiß ich, daß ich damals die Überreste eines Grabes aus vordynastischer Zeit gesehen habe. Es war ein Augenblick, den ich nie vergessen habe. Ich vermute, dieses Grab übte deshalb einen so starken Eindruck auf mich aus, weil ich dabei eine erste Ahnung von der gewaltigen Zeitspanne der Geschichte der Menschheit bekam, die das kindliche Vorstellungsvermögen weit übersteigt. Mit Pyramiden aufzuwachsen hatte nicht ganz die gleiche Wirkung, jedenfalls nicht damals. Ich gehöre zu den Millionen vom Nil ernährten Kindern, die die Zeugnisse des Altertums einfach als Teil ihrer Umgebung betrachteten. Bevor im vergangenen Jahrhundert die Tempel ausgegraben wurden, muß dieses Leben mit der Antike noch ausgeprägter gewesen sein.

Lucie Duff Gordon, die in den ersten Jahren des viktorianischen Zeitalters die Welt bereiste und nach Ägypten kam, lebte in Luxor in einem Haus, das über dem Tempel gebaut worden war, der damals noch unter Sand lag. Gustave Flaubert beschrieb die Gegend 1850 so: »(Luxor) kann man in zwei Teile teilen, die durch die beiden Pylone getrennt werden: im modernen Teil zur Linken gibt es nichts Altes, während die Häuser zur Rechten entweder auf oder neben Ruinen stehen. Die Häuser sind mitten zwischen die Kapitelle der Säulen gebaut worden: Hühner und Tauben hocken und nisten in den großen (steinernen) Lotusblättern; Mauern aus Ziegeln oder Schlamm bilden die Trennung zwischen den Häusern; Hunde rennen bellend die Mauern entlang. So rührt sich ein unbedeutendes Dasein in den Überresten eines Lebens, das viel größer war ...« Heute können Besucher noch immer die Kritzeleien sehen, die ihre Vorgänger im 19. Jahrhundert ganz oben an den Säulen des Karnak-Tempels hinterlassen haben, die damals nur gut einen Meter aus dem Boden ragten. Man spazierte gleichsam über unsere Köpfe – eine verwirrende Umkehr von Zeit und Raum, die noch den Eindruck verstärkt, daß am Nil konventionelle Vorstellungen von Chronologie eher nicht zutreffen. Lucie Duff Gordon ist vermutlich die interessanteste von allen europäischen Nil-Reisenden des 19. Jahrhunderts. Ihre *Briefe aus Ägypten* sollten noch heute von jedem gelesen werden, der den Nil hinauf fahren will. Die Altertümer selbst ließen sie kalt – den Menschen galt ihre ganze Leidenschaft.

Ganz anders Amelia Edwards: Sie war die klassische Amateur-Ägyptologin des ausgehenden viktorianischen Zeitalters, eine bemerkenswerte Dame, die ein eigenes Boot anheuerte, um nach Abu Simbel zu gelangen. Dort gab sie ihrer Mannschaft den Auftrag, die Köpfe der – damals noch bis zu den Hälsen im Sand steckenden – Statuen mit Schwämmen zu reinigen und den freigelegten Stein mit Kaffee zu übergießen, um eine größere ästhetische Wirkung zu erzielen. Auf einer ihrer Zeichnungen ist diese merkwürdige Szene zu sehen: Sie sitzt mit ihrem malenden Begleiter unter

Der Kopf von Ramses II., Ramesseum, Theben, 1993

Die vier Kolossalstatuen am Großen Tempel von Ramses II., Abu Simbel, 1993

einem Schirm im Sand, während ihre Angestellten sich auf einem Behelfsgerüst über die Statue hermachen. Amelia Edwards ist eine Folge der Manie für ägyptische Altertümer, die zu Zeiten Napoleons begann, im 19. Jahrhundert immer mehr um sich griff und schließlich in dem Freudentaumel über die Entdeckung des Grabes von Tutanchamun ihren Höhepunkt erreichte. In dieser Zeit wurde das Land von europäischen Sammlern geplündert, unterstützt von professionellen Grabräubern, deren Gewerbe seit Tausenden von Jahren florierte, und mit dem bewußten Einverständnis der türkischen Behörden, die davon profitierten.

Gustave Flaubert kletterte 1849 auf die Große Pyramide. »Die Steine, die aus einer Ferne von zweihundert Schritten die Größe von Pflastersteinen zu haben scheinen, sind in Wirklichkeit – die kleinsten von ihnen – fast einen Meter hoch; die meisten reichen uns bis zur Brust. Wir steigen an der linken Ecke auf ... die Araber ziehen und schieben mich; ich bin schnell erschöpft, es ist furchtbar ermüdend ... Die Sonne ging genau gegenüber auf; das ganze in Dunst getauchte Tal des Nils schien ein stilles weißes Meer zu sein und die Wüste hinter uns mit ihren Sandhügeln ein weiterer Ozean; in tiefem Purpur und die Wellen alle versteinert.« Heute kann man die Pyramiden von Giza nicht mehr besteigen; Generationen herumkletternder Touristen haben zuviel Tribut gefordert. Aber in den vierziger Jahren, als ich ein Kind war, mühten sich noch ständig Leute auf der Großen Pyramide ab. Sie trugen Khaki und waren Angehörige der britischen, französischen, australischen, kanadischen und anderer Truppen, die am Nordafrika-Feldzug teilnahmen. Wer bis auf die Spitze kam, muß fast den gleichen Ausblick gehabt haben wie zuvor Flaubert. Kairo war damals eine Stadt mit einer Million Einwohnern – und damit größer als Mitte des 19. Jahrhunderts, aber nicht zu vergleichen mit der modernen 14-Millionen-Metropole, deren Vororte heute bis an die Pyramiden und die Sphinx reichen. Der Blick, den die Bilder von Marilyn Bridges bieten, unterscheidet sich kaum von dem, den man auf der Spitze der Großen Pyramide hat.

Eine erstaunliche Vergangenheit ist für ein Land eine zweischneidige Angelegenheit. Der Tourismus gehört seit langem zu den wichtigsten Wirtschaftszweigen Ägyptens. Die großen archäologischen Stätten am Nil haben dabei immer im Mittelpunkt gestanden und die Gegenwart verdrängt. Sie sind stets eine bedeutende Einnahmequelle gewesen, aber dem oberflächlichen Besucher haben sie auch den Eindruck eines Ortes vermittelt, an dem alles bereits geschehen ist und alles, was noch passiert, nur ein Nachtrag ist zu dem, was schon war. Doch meiner Ansicht nach zählt vor allem die unglaubliche Beständigkeit, die diese gewaltigen, stummen, stillen Bauten ausstrahlen. Es ist nicht so sehr das Wunder, daß sie noch immer existieren, sondern daß sie die Beharrlichkeit menschlichen Daseins bezeugen. In dieser Landschaft leben immer noch die Nachfahren jener Menschen, die diese Steine behauen, diese Tempel geschmückt haben. Und mehr noch – selbst nach all den Jahrtausenden ist auf den Szenen in den Gräbern – auf den so eindrucksvollen Fresken mit ihren Schilderungen des Lebens am Nil in jener Zeit ein unheimlich anmutender Widerschein des heutigen Lebens zu entdecken. Die Papyrusrohre, die Lotusblumen, die fliegenden Entenschwärme. Der Ibis und der Reiher. Die Krokodile sind zwar verschwunden, im letzten Jahrhundert ausgerottet, und ebenso die Flußpferde und die kleinen Wüstenlöwen, aber die Menschen sehen nicht sehr viel anders aus.

Für den wohlhabenden Reisenden des 19. Jahrhunderts war die Fahrt an den Nil eine ebenso unerläßliche Unternehmung wie die Große Tour durch Europa. Mietschiffe fuhren massenweise den Fluß auf und ab. Das Reisebüro Thomas Cook erlebte mit Kreuzfahrten auf dem Nil seine erste Blüte. Wer eine Fahrt nilaufwärts unternimmt, folgt einer der ältesten Reiserouten der Welt. Das Wasser des Nils ist genauso unbeständig wie die ganze Landschaft. Es wird immer von der Tageszeit und dem starken, hellen Wüstenlicht beeinflußt: Gegen Mittag flimmert alles in der Hitze, das Wasser ist braun und träge, die Wüste blendend weiß. Aber am Abend erstirbt das Licht, das Wasser wird tiefblau, die Hügelkette brennt orange, und der Himmel ist aprikosenfarben, dann blaßgelb und schließlich schwarzlila, und die glitzernden Sterne kommen einem viel näher vor als in unseren verhangenen nördlichen Breiten. Es ist eine Landschaft mit weichen Farben – das Rehbraun und Ledergelb des Sands und der Felsen, das Blaugrün der Zuckerrohrfelder und der allgegenwärtigen Palmen, deren schaukelnde Wedel der ganzen Region ein Gefühl leichter Beschwingtheit geben.

Man erkennt schnell: Hier dreht sich alles um den Fluß. Dörfer ziehen sich an seinen Ufern entlang, flache Kähne transportieren Ziegel oder Zuckerrohr oder eine Ladung Kamele, während leichtere Lasten auf die schlanken Feluken mit ihrem einen weißen Segel kommen. Es ist ein Bild vielfältiger Geschäftigkeit vor dem steten Hintergrund des lebenspendenden Flusses, seiner Vögel und Pflanzen; darüber taucht ab und an ein Tempel auf, ein Felsengrab oder ein geheimnisvolles, unidentifizierbares Bauwerk, das an eine große Vergangenheit und an die Beständigkeit von Sand, Stein und Wasser gemahnt. Die Memnonskolosse ragen über Feldern empor, die dem Rand der Wüste abgerungen wurden; die Pyramide von Step scheint mit dem Sand verschmelzen zu wollen; die Statuen in Abu Simbel starren geheimnisvoll in das glitzernde Wasser des Nasser-Sees.

Die Luftreise, die Marilyn Bridges unternommen und in ihren Fotos dokumentiert hat, gewinnt der Fahrt auf dem Nil eine ganz eigene, faszinierende Dimension ab. Wir sehen die Landschaft völlig anders, ohne Menschen, ohne Geräusche und Gerüche, verwandelt in eine Welt von beredter Stille. So wie das Wüstenlicht die Farben verstärkt, betonen ihre Fotos die Kontraste von Licht und Schatten und deren Tiefen, zeigen präzise Details. Die Monumente der Antike sind nicht isoliert – einmal thronen sie über dem Gewimmel moderner Bauten, einmal stehen sie in scharfem Kontrast zu Wüste und Felsen. Die Bauwerke sehen gleichzeitig größer und kleiner aus, als sie tatsächlich sind – größer, wenn ihre riesigen Schatten alles um sie herum auslöschen, kleiner, wenn sie wie eine ferne Skulptur gegen die Kurvaturen des Flusses und der Landschaft aufgenommen wurden. Vor allem aber sind sie Bauten, die ihr Entstehen durch Menschenhand nicht verheimlichen. Auf subtile Weise wird ihr Weiterleben betont; sie werden zu fremdartig anmutenden Erscheinungen in unserer heutigen Welt.

UNTERÄGYPTEN

Die drei Pyramiden von Giza, 1984

Gruben für Sonnenboote, Cheops-Pyramide, Giza, 1993 (oben)

Die Chephren-Pyramide, Giza, 1993 (links)

Die Mykerinos-Pyramide, Giza, 1992

Die Cheops-Pyramide, Giza 1992

Die Sphinx und Pferde, Giza, 1984

Die Sphinx, Giza, 1992

Blick auf Abusir, 1992

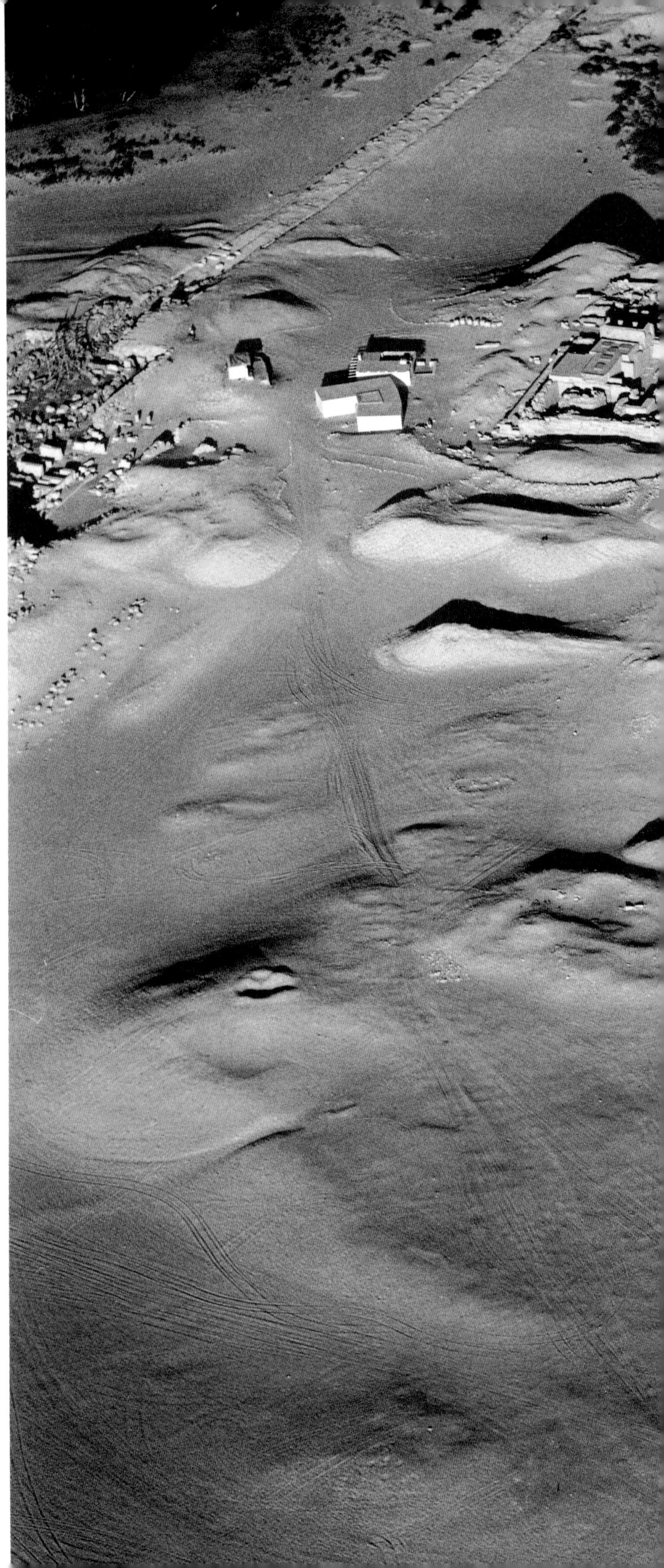

Die Pyramiden des Neferirkare und des Niuserre von Südwesten, Abusir, 1993

Die Stufenpyramide des Djoser, Saqqara, 1992 (oben)

Die Stufenpyramide des Djoser mit Schatten, Saqqara, 1993 (rechts)

Die Pyramide von Pepi I. von Nordwesten, Saqqara, 1993

Die Pyramide des Unas, Saqqara, 1992

Die Knickpyramide (Nahaufnahme), Dahschur, 1992

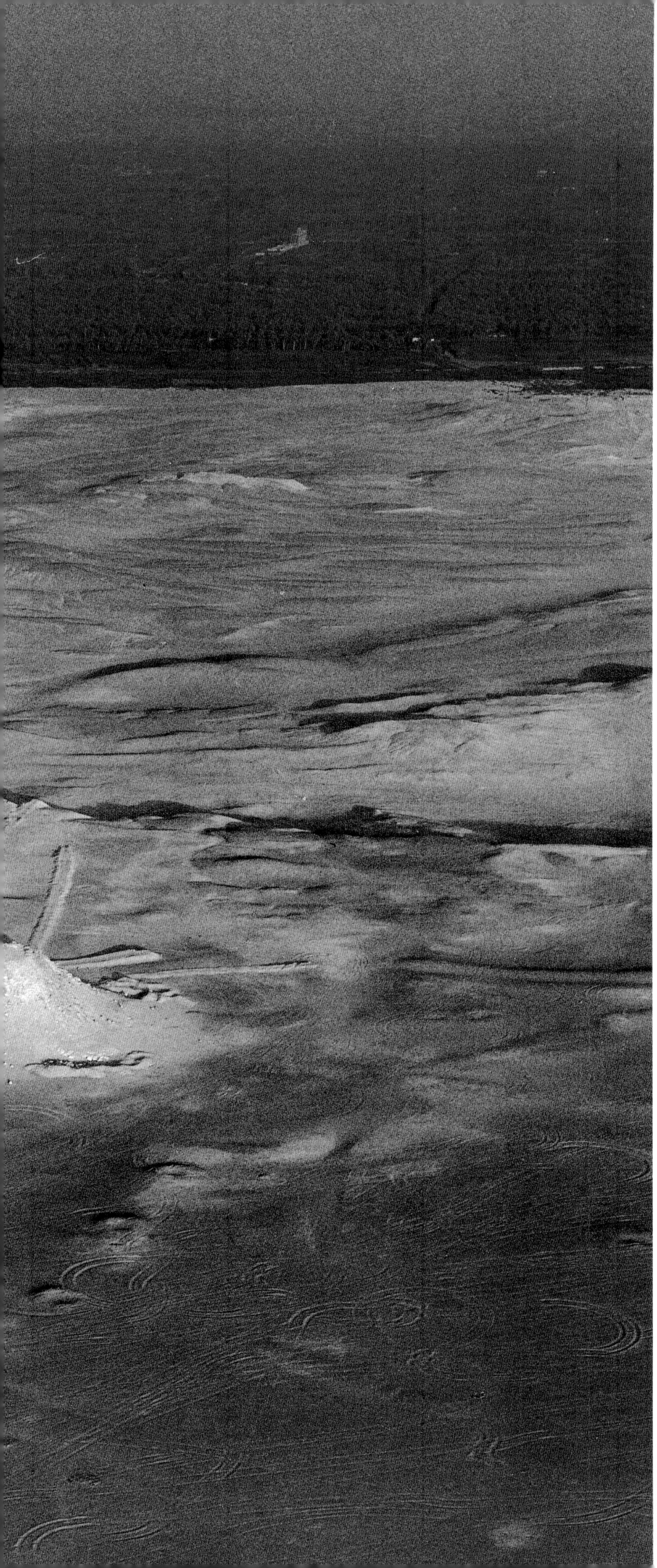

Knickpyramide in Dahschur, 1992

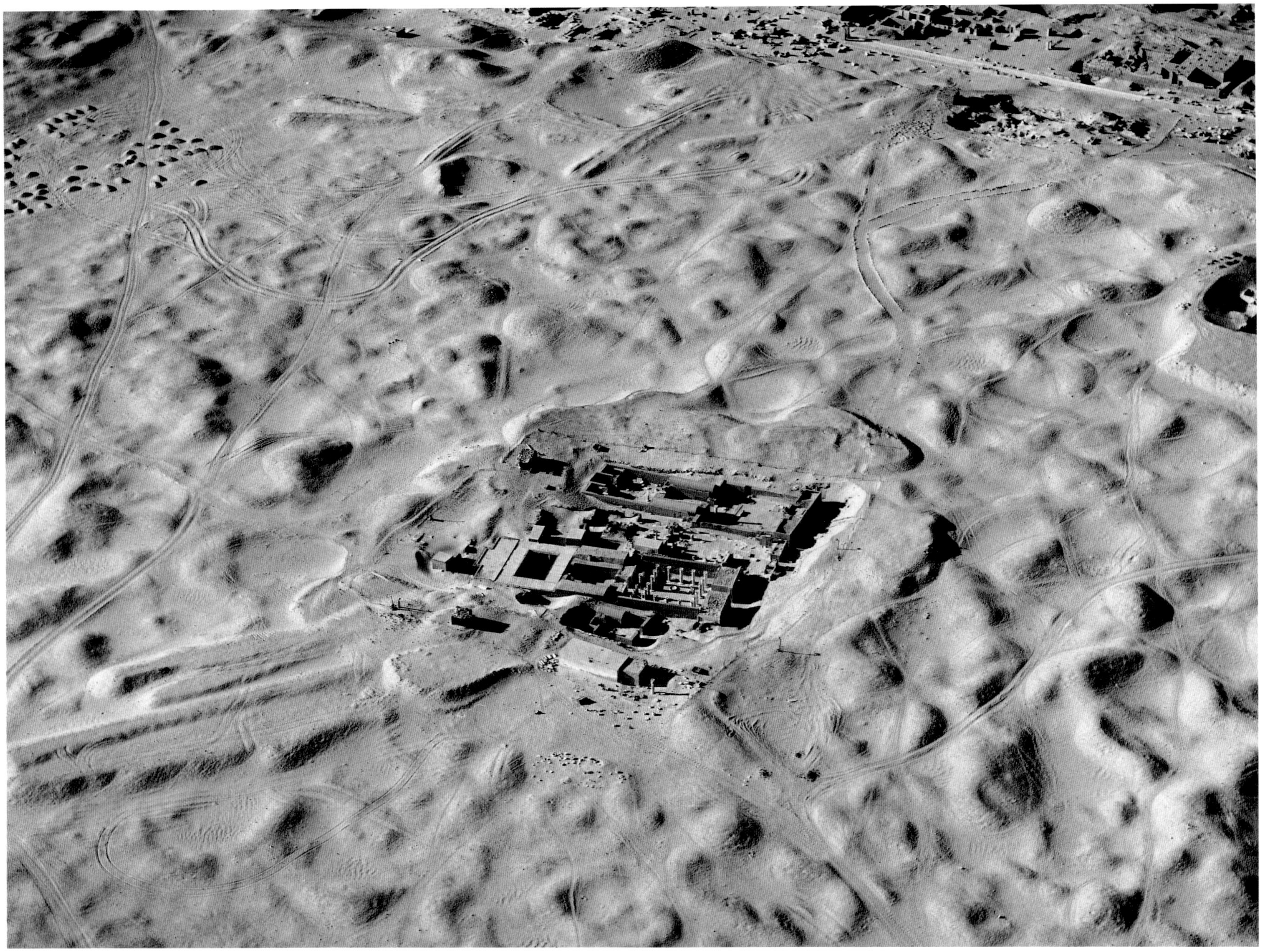

Das Grab des Haremhab, Saqqara, 1993

Gräber am Aufweg der Pyramide des Unas, Saqqara, 1993

Felsformationen, el-Faijûm, 1992

Die Pyramide des Amenemhet III. (Südliche Ziegel-Pyramide), Dahschur, 1992

Mastaba el-Fara'un, Saqqara, 1992 (oben)

Die Pyramide des Userkaf, Saqqara, 1992 (links)

Die nördliche Steinpyramide mit Schatten, Dahschur, 1992

Fabrik und Pyramide des Sesostris III., Dahschur, 1993

Die Pyramide des Amenemhet I., Lischt, 1992

Die Pyramide von Medum, 1992

Islamische Gräber und ein Schrein, Medinet el-Faijûm, 1992

THEBEN

Blick auf Karnak und den Heiligen See von Nordwesten, 1993

Der Große Hof des Amun-Tempels von Westen, Karnak, 1993

Teilansicht des Großen Amun-Tempels, Karnak, 1993

Eingang zum Tempel von Luxor, 1992 (oben)

Blick auf den Tempel von Luxor und die Stadt, 1993 (links)

Medinet Habu, Theben, 1993

Der Tempel von Ramses III., Medinet Habu, Theben, 1993

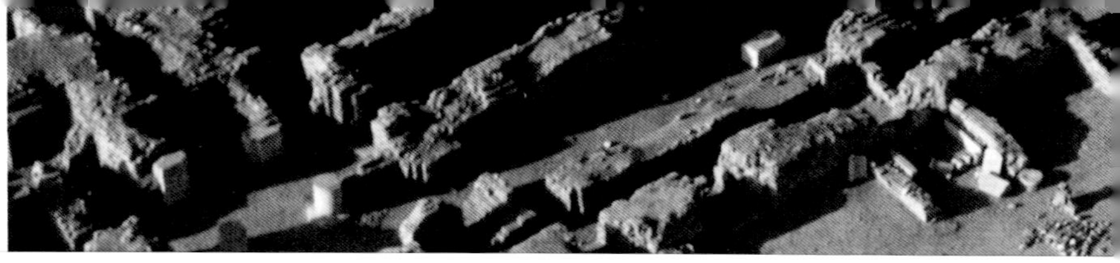

Das Ramesseum von Süden, West-Theben, 1993

Der Chons-Tempel, Karnak, 1993

Die Kolosse von Memnon, West-Theben, 1993

Deir el-Medina, West-Theben, 1993

Die Gräber von Scheich Abd el-Qurna, West-Theben, 1993

Der Friedhof von Deir el-Medina, West-Theben, 1993

Das Tal der Könige, West-Theben, 1993

Nekropole im Asasif-Tal, West-Theben, 1993

Das Kopten-Kloster von Deir el-Mohareb, Theben, 1993

Die Tempel von Deir el-Bahari, 1993

OBERÄGYPTEN

Die Felsengräber von Beni Hasan, 1992

Hathor-Tempel, Dendara, 1992

Islamische Gräber bei Beni-Hasan, 1992

Der Tempel des Chnum, Esna, 1992

Blick auf Edfu, 1992

Der Horus-Tempel in Edfu, 1992

Philae von Osten, 1992

Die Gräber von Qubbet el-Haua, Assuan, 1992

Feluken am Nil, Assuan, 1992

Das Kloster des St. Simeon, Assuan, 1992

Blick auf den Tempel des Sobek und Haroeris am Nil, Kom Ombo, 1992

Das Mausoleum des Aga Khan, Assuan, 1992

Der Große Tempel von Ramses II., Abu Simbel, 1993

Blick auf Abu Simbel und den Nasser-See, 1993

DIE BILDER

Unterägypten

Die drei Pyramiden von Giza mit Kairo, 1993

Die sich immer weiter ausdehnenden Vororte von Kairo sind zur Kulisse für die Pyramiden geworden. Oben rechts liegt Nazlet el-Samman, das einstige Dorf über dem Taltempel des Cheops und der Pyramidenstadt der drei Könige. Oben links ist Embaba zu sehen, wo Napoleon 1798 die Mamelucken schlug.

Die drei Pyramiden von Giza, 1984 (Seite 10)

Die drei während der 4. Dynastie (2575 bis 2465 v. Chr.) in Giza errichteten Pyramiden markieren den Höhepunkt in der Geschichte des Pyramidenbaus. Im Vordergrund steht die Pyramide des Cheops, der von 2551 bis 2528 v. Chr. regierte. Sie ist 146 Meter hoch und wie alle Pyramiden in Giza nach den vier Himmelsrichtungen ausgerichtet, mit dem Eingang auf der Nordseite. Zu ihrer unmittelbaren Rechten liegt das westliche Mastabafeld, wo sich die Überreste von Hunderten freistehender, rechteckiger Gräber befinden, in denen Adlige und Beamte beigesetzt wurden. Als nächstes folgt die Pyramide des Chephren (2520 bis 2494 v. Chr.), mit 143 Metern die zweithöchste in Giza. Die dritte, 60 Meter hohe Pyramide ist die kleinste und wurde für Mykerinos (2490 bis 2471 v. Chr.) errichtet. In der kleinen Pyramide links davon wurde eine seiner Königinnen bestattet. Alle Pyramiden haben ein Mauerwerk aus Kalksteinblöcken, vor Ort gebrochen und mit besonders feinkörnigem Kalkstein vom Ostufer verblendet. Im oberen Drittel der Chephren-Pyramide ist diese Verblendung noch erhalten. Die unteren Bekleidungen der Chephren- und der Mykerinos-Pyramide bestanden aus Rosengranit.

Die Chephren-Pyramide, Giza, 1993 (Seite 20)

Der Schatten der Chephren-Pyramide, hier von Westen aufgenommen, erstreckt sich weit über die Nekropolis. Unmittelbar darüber (im Osten) liegt – ebenfalls im Schatten – ihr Totentempel. Von ihm führt ein Aufweg quer über das zentrale Feld mit Mastabas und Felsengräbern an der Großen Sphinx (oben rechts) vorbei. Oben links ist die Südseite der Cheops-Pyramide zu erkennen, darüber die kleineren Pyramiden für seine Königinnen und eine Tochter und ein großer Friedhof für andere Angehörige. Zur Rechten eine Reihe mit großen Mastabas für hohe Würdenträger und eine Schiffsgrube, die heute als Schiffsmuseum dient.

Gruben für Sonnenboote, Cheops-Pyramide, Giza, 1993 (Seite 21)

Drei Bootsgruben liegen an der Ostseite der Cheops-Pyramide, hier im Schatten. Ganz rechts am Rand der Aufnahme ist ein modernes Museum zu sehen, das über einer Grube errichtet wurde. In den fünfziger Jahren entdeckte man hier ein vollständig erhaltenes, aber zerlegtes Holzboot. Es ist 42 Meter lang und hat eine Wasserverdrängung von fast 40 Tonnen. Einige der Boote sind wahrscheinlich bei den Bestattungen benutzt worden, während andere wohl dem toten König als Transportmittel ins Jenseits mitgegeben wurden.

Die Mykerinos-Pyramide, Giza, 1992 (Seite 22)

Die »Göttliche Pyramide« für König Mykerinos (2490 bis 2471 v. Chr.) wurde von seinem Sohn und Nachfolger Schepseskaf, dem letzten Herrscher der 4. Dynastie, vollendet. Das Bauwerk wurde rund 1800 Jahre später, während der 26. Dynastie, restauriert, als der Kult für die toten Könige in Giza eine neue Blüte erlebte. Die zwei kleinen Stufenpyramiden (unten) wurden für Mykerinos' Königinnen erbaut. Die dritte kleine Pyramide gilt als Kultpyramide des Königs. An der Ostseite der Pyramide liegen die Überreste eines Totentempels.

Die Cheops-Pyramide, Giza, 1992 (Seite 23)

Die Große Pyramide, die für den zweiten König der 4. Dynastie gebaut wurde, ist mit 146 Meter die höchste der Pyramiden in Giza (ihre Spitze ist schwer beschädigt, und der oberste Stein ist verschwunden). Herodot berichtet, daß hunderttausend Arbeiter sie in zwanzig Jahren errichteten. Umgeben ist das Bauwerk von verschiedenen Mastabas und Felsengräbern. Links liegen kleine Pyramiden für die Königinnen des Cheops und eine Tochter und zwei freigelegte Gruben für Schiffe. Oben links liegt die Große Sphinx, die hier von der Seite zu sehen ist. An ihrer Rückseite führt ein langer Aufweg zur Ostmauer der Chephren-Pyramide (oben rechts).

Die Sphinx, Giza, 1992 (Seite 27)

Die Große Sphinx, von der Zeit und dem Sand schwer mitgenommen, wird derzeit restauriert. Daß sie trotz ihrer relativ zerbrechlichen Konstruktion überhaupt bis heute überdauert hat, verdankt sie vermutlich der Tatsache, daß sie einen Großteil ihres Daseins unter dem Wüstensand verbracht hat. Das Monument wurde während der 4. Dynastie aus Felsen errichtet, die bei den Bauarbeiten für die Chephren-Pyramide übrigblieben: Es ist 57 Meter lang und 20 Meter hoch. Sphingen sind aus verschiedenen Wesen zusammengefügt: Sie haben den Körper eines Löwen und den Kopf eines Falken, eines Widders oder auch den eines Menschen. Die Große Sphinx besteht aus einem ruhenden Löwen mit einem Menschenkopf, der vermutlich das Antlitz von König Chephren trägt. Im Vordergrund zu Füßen der Figur liegt der sogenannte Tempel der Sphinx, der offensichtlich unvollendet blieb. Er hatte keine eigentliche Bestattungsfunktion und war vermutlich dem Sonnengott Re gewidmet. Unmittelbar rechts von ihm liegt der teilweise restaurierte kleine Tempel von Amenophis II., der aus der 18. Dynastie stammt. Links vom Sphinx-Tempel liegt der Taltempel des Chephren, der durch einen Aufweg mit der Chephren-Pyramide verbunden ist. Links davon liegt ein Feld mit zahlreichen Mastabas und Felsengräbern. Hinter der Sphinx und nördlich des Aufwegs ist in der oberen Mitte das »Campbell-Grab« zu sehen, eine riesige Grabstele aus der 26. Dynastie.

Blick auf Abusir, 1992 (Seite 28/29)

Die Pyramiden von Abusir stammen aus der 5. Dynastie (2465 bis 2325 v. Chr.). Der Begründer der Dynastie, Userkaf, errichtete seine Pyramide zwar in Saqqara, doch vier der folgenden fünf Könige bauten ihre Monumente in Abusir. Von Norden her aufgenommen (die Eingänge zu den Pyramiden befinden sich alle an den leichten Senken auf den Nordseiten), sind von vorne nach hinten die Pyramiden von Sahure (2458 bis 2446 v. Chr.), Niuserre (2420 bis 2396 v. Chr.), Neferirkare (2446 bis 2427 v. Chr.) sowie die unvollendete von Neferefre (2427 bis ? v. Chr.) zu sehen. Die Überreste der Totentempel stoßen jeweils im Osten an die Pyramiden (links). Die Grabanlage des Sahure hat am wenigsten gelitten; links von dem umfangreichen Komplex ist noch der Aufweg erkennbar, der zu den Ruinen eines Taltempels führt, von dessen westlicher Umfassungsmauer ein Teil gezeigt wird. Die Pyramiden von Saqqara, etwa 8 Kilometer entfernt, sind durch einen leichten Schleier aus Sand und Sonnenlicht zu erkennen.

Die Pyramiden des Neferirkare und des Niuserre von Südwesten, Abusir, 1993 (Seite 30/31)

Das Grabmonument des Neferirkare im Vordergrund ist die größte der Pyramiden in Abusir und war ursprünglich siebzig Meter hoch (wurde aber vermutlich nie vollendet). Zur Rechten liegen die Mastabas von Familienangehörigen. Dahinter folgt die Pyramide des Niuserre, einst gut 51 Meter hoch. Ihr Totentempel ist direkt darüber auf dem Foto zu sehen. Deutlich ist in der linken Ecke die Mastaba des Ptahschepses mit ihrem Pfeilerhof zu erkennen.

Die Mastaba des Ptahschepses, Abusir, 1992 (Seite 32)

Die Familien-Mastaba des Ptahschepses, der Schwiegersohn des Niuserre und Wesir der 5. Dynastie war, ist eine der größten Mastabas in Ägypten und ähnelt in ihrer Anlage einem königlichen Pyramidentempel. Der große Pfeilerhof ist deutlich zu erkennen. Oben links liegt der Grabkomplex des Niuserre, dessen große Mastabas für weibliche Mitglieder der königlichen Familie und für Würdenträger nur teilweise freigelegt sind. Im Vordergrund Schutthügel, die der deutsche Archäologe Ludwig Borchardt bei Ausgrabungen zwischen 1902 und 1908 hinterlassen hat.

Der Sonnentempel des Userkaf, Abusir, 1993 (Seite 33)

Auf halbem Weg zwischen den Pyramiden von Abusir und Abu Gurab liegt der Sonnentempel des Userkaf. Er wurde während der nur siebenjährigen Regierungszeit des Königs (2465 bis 2458 v. Chr.) errichtet und ist der älteste erhaltene Sonnentempel in Ägypten. Zu Beginn der 5. Dynastie gewann die Verehrung des Sonnengottes Re stark an Bedeutung, und so nimmt man an, daß dieser Tempel Re gewidmet ist. Er besteht aus Kalkstein und Nilschlamm und hat eine Grundfläche von ungefähr 43 mal 81 Metern. Vermutlich hat zu der Anlage einst ein Obelisk gehört; ein Aufweg verband früher den Haupttempel mit einem kleinen Taltempel (oben links).

Die Stufenpyramide des Djoser, Saqqara, 1992 (Seite 34)

Während der Regierungszeit des Djoser oder Netjerichet (2630 bis 2611 v. Chr.), des zweiten Königs der 3. Dynastie, entwickelte sich aus dem Mastaba-Grab, das aus einem in mehrere Räume und eine zentrale Grabkammer unterteilten Unterbau und einem Oberbau aus Schlammziegeln bestand, die Stufenpyramide. Sie erreichte in sechs ungleichmäßigen Stufen eine Höhe von rund 60 Metern, ihr Grundriß mißt 140 mal 118 Meter. Sie ist die früheste in Ägypten erbaute Stufenpyramide und Vorläuferin der vertrauten »klassischen« Pyramiden mit glatten Seiten. Ihr Entwurf wird Imhotep zugeschrieben, der sowohl als Arzt wie als Architekt zu Ruhm kam und später als Gott der Heilkunde verehrt wurde. Die Pyramide, die einst die antike Stadt Memphis überragte, war der Mittelpunkt eines ganzen Komplexes von Steinbauten und Höfen, die dem Leben des Königs im Jenseits gewidmet waren. Die ganze Anlage lag hinter einer massiven steinernen Umfassungsmauer (die heute – wie unten rechts – von Dünen bedeckt ist). Der Totentempel des Djoser, von Nordwesten aufgenommen, schließt an der Nordseite der Pyramide an. Der Hof im Südosten und verschiedene Gebäude im Osten sind restauriert worden.

Die Stufenpyramide des Djoser mit Schatten, Saqqara, 1993 (Seite 35)

Der Schatten der Pyramide betont noch ihr unregelmäßiges Profil. Oben links liegt ein Hof mit Kapellen, die vermutlich zur Feier des königlichen *Sed*-Festes errichtet wurden, das in diesem Fall dem dreißigsten Jahrestag seiner

Regierung galt. In dem Hof oben rechts ist eine B-förmige Struktur zu erkennen, die wahrscheinlich als Richtpunkt für den zeremoniellen Umzug des Königs während des Festes diente.

Die Pyramide von Pepi I. von Nordwesten, Saqqara, 1993 (Seite 36)

Die Pyramide von Pepi I., dem zweiten König der 6. Dynastie, war rund 52 Meter hoch und erhob sich auf einem Quadrat mit einer Seitenlänge von gut 78 Metern. Sie liegt im südlichen Teil von Saqqara, wo viele Pyramiden im Laufe der Zeit abgetragen und ihre Steine als Baumaterial verwandt wurden. Während der 6. Dynastie verfiel die Macht der Könige, und lokale Fürsten stiegen auf. Vermutlich verlor Ägypten während dieser Zeit die Kontrolle über Nubien. Links von der Pyramide liegen die Überreste von drei kleineren Königinnen-Pyramiden, die freigelegt wurden und einen Blick in ihre Grabkammern erlauben.

Die Pyramide des Unas, Saqqara, 1992 (Seite 37)

Die hier von Nordwesten aufgenommene Pyramide des Unas (2355 bis 2325 v. Chr.), des letzten Königs der 5. Dynastie, liegt an der Südwestecke der Pyramiden von Djoser. Sie hatte einst eine Höhe von 43 Metern und trug den Beinamen »Pyramide schön an Stätten«. Auf den Wänden im Innern finden sich die ältesten Begräbnisinschriften. Östlich befinden sich karge Überreste des Totentempels. Im Nordosten der Pyramide liegt die Doppel-Mastaba von Nebt und Khenut, Unas' Gattinnen. Zwei Bootsgruben liegen südlich an einem leichten Knick des Aufwegs. Oben rechts ist das Grab des Haremhab aus der 18. Dynastie zu sehen.

Die Knickpyramide (Nahaufnahme), Dahschur, 1992 (Seite 39)

Ein Großteil der äußeren Verkleidung der Snofru-Pyramide ist noch erhalten. An ihrer Südseite grenzt sie an die Nebenpyramide (oben rechts).

Knickpyramide in Dahschur, 1992 (Seite 40/41)

Nur rund zwei Kilometer trennen die Pyramiden in Dahschur von der Nekropole in Saqqara. In Dahschur vollzog sich zu Anfang der 4. Dynastie die radikale Abkehr von der Stufenpyramide hin zur klassischen Pyramide. Die Form der »Knickpyramide« (die erste, die von Anfang an als klassische Pyramide geplant war) geht vermutlich auf eine späte Korrektur nach der Entdeckung eines Konstruktionsfehlers in dem damals noch experimentellen Entwurf zurück. »Die südlich glänzende Pyramide«, wie sie einst genannt wurde, war ursprünglich 128 Meter hoch und wurde für Snofru (2575 bis 2551 v. Chr.) errichtet, den Begründer der 4. Dynastie. An der Südmauer ihrer immer noch sichtbaren Umfassung liegt die »Kleine Pyramide«, vermutlich eine Nebenpyramide für den König. In der Hauptpyramide ist in der unteren Hälfte ihrer Westseite als kleines schwarzes Quadrat der Westeingang zu erkennen. Im Hintergrund liegt am Rand der Bebauung die stark verfallene Pyramide von Amenemhet III.

Das Grab des Haremhab, Saqqara, 1993 (Seite 42)

Im Südwesten der Unas-Pyramide liegt das Grab des Haremhab, des berühmten Feldherrn des Tutanchamun, der am Ende der 18. Dynastie selbst König war (1319 bis 1307 v. Chr.). Er baute sich sein Grab, bevor er den Thron bestieg; beigesetzt wurde er allerdings in einem später errichteten Grab im Tal der Könige bei Theben. Obwohl Kunstgegenstände aus dem Saqqara-Grab schon im 19. Jahrhundert auftauchten, war seine Lage lange Zeit nur Plünderern bekannt, bis es in den siebziger Jahren dieses Jahrhunderts von Archäologen wiederentdeckt wurde. Der Eingang der Grabstätte führt zu einem von Mauern eingefaßten Säulenhof. Einige der Räume dienten als Kapellen, andere enthielten Statuen von Haremhab und Anubis, dem schakalköpfigen Gott. Farbige Reliefs schilderten die militärischen Taten des Heerführers. Im Norden wird das Grab von zwei ähnlichen Gräbern der Prinzessin Tia (einer Schwester von Ramses II.) und ihrem Gemahl Maya flankiert.

Gräber am Aufweg der Pyramide des Unas, Saqqara, 1993 (Seite 43)

Am teilweise restaurierten Aufweg der Unas-Pyramide liegen die Überreste mehrerer Gräber aus dem Neuen Reich, in das die Herrschaft von Echnaton, Tutanchamun und Ramses II. fiel. Gräber von hohen Beamten und Priestern aus der 5. Dynastie liegen zu beiden Seiten des Aufwegs (unten Mitte).

Felsformationen, el-Faijûm, 1992 (Seite 44)

Diese stark erodierten Felsformationen sind Überreste der urzeitlichen Küstenlinie des Mittelmeers.

Die Pyramide des Amenemhet III. (Südliche Ziegel-Pyramide), Dahschur, 1992 (Seite 45)

Das für Amenemhet III. (1844 bis 1797 v. Chr.), den sechsten König der 12. Dynastie, erbaute Monument befindet sich in einem kaum noch reparablen Zustand. Die Pyramide wurde aus Ziegeln errichtet, mit Kalkstein verkleidet und hatte eine Höhe von 81 Metern. Amenemhet ließ einst als erster die Oase von Faijûm ausbauen, die größte und wichtigste Oase Ägyptens, und in dem Ort Hawara ließ er eine zweite Pyramide als seine endgültige Ruhestätte errichten. Die rechteckige Grube (unten links) ist das Grab des Königs Hor aus der 13. Dynastie.

Die Pyramide des Userkaf, Saqqara, 1992 (Seite 46)

Die Tradition des Pyramidenbaus wurde von den Königen der 5. Dynastie wieder aufgenommen, allerdings nicht nach den Konstruktionsprinzipien ihrer Vorgänger. Aus einem Kern kleiner Steine bestehend und mit Kalkstein verkleidet, hat diese Pyramide die Zeitläufte nicht überstanden. Die Pyramide von Userkaf (2465 bis 2458 v. Chr.) hatte einst eine Höhe von 49 Metern. Umgeben ist sie von einem Totentempel (im Schatten) und einem großen Statuen-Tempel im Süden, die beide stark verfallen sind. Der Eingang der Pyramide zeigt nach Norden.

Mastabet el-Fara'un, Saqqara, 1992 (Seite 47)

In der südlichen Nekropole von Saqqara, die an Dahschur grenzt, liegt Mastabet el-Fara'un, die Grabanlage von Schepseskaf (2471 bis 2467 v. Chr.), die hier von Norden zu sehen ist. Der letzte König der 4. Dynastie gab die Pyramidenform für sein Grab auf und ersetzte sie durch einen 100 mal 72 Meter messenden rechteckigen Bau, der einem riesigen Sarkophag ähnelt. Er besteht aus massiven Kalksteinblöcken aus der Gegend und wurde mit Tura-Kalkstein verkleidet. Das Grab wurde bereits in der Antike geplündert; auf seiner Ostseite gibt es noch einige spärliche Überreste des Totentempels, dessen Steine anderswo als Baumaterial genutzt wurden.

Die nördliche Steinpyramide mit Schatten, Dahschur, 1992 (Seite 49)

Der Schatten belegt die klare Form der nördlichen Steinpyramide. Der nur in geringer Distanz nördlich von der Knickpyramide gelegene Bau war die zweite Pyramide, die Snofru in Dahschur errichten ließ. Ihre einstige Höhe betrug 102 Meter; ihr Pyramidentempel ist vor kurzem freigelegt worden.

Fabrik und Pyramide des Sesostris III., Dahschur, 1993 (Seite 50/51)

Die Entwicklung der modernen Industrie bedroht die Nekropole. Auf diesem Bild haben die Mauern einer Gasfabrik eine irritierende Ähnlichkeit mit den Umfassungsmauern der Pyramide des Sesostris III. (oben rechts). Die »Nördliche Ziegel-Pyramide« war einst rund 78 Meter hoch, das Rechteck der Anlage mißt 180 mal 220 Meter. In der Nähe liegen Mastabas und andere Gräber für Mitglieder der königlichen Familie. Als der Komplex nach 1890 von den Franzosen erstmals ausgegraben wurde, entdeckten sie in der Nähe der Pyramide auch sechs Holzboote.

Die Pyramide des Amenemhet I., Lischt, 1992 (Seite 52)

Amenemhet I. (1991 bis 1962 v. Chr.), der Begründer der 12. Dynastie, verlegte seine Hauptstadt von Theben nach Itj-taui, dessen genaue Lage bis heute unbekannt ist. Als ihre Nekropole gilt jedoch das Pyramidenfeld von Lischt, ungefähr 30 Kilometer südlich von Dahschur. In den letzten Jahren der Regierungszeit Amenemhets I. dehnte Ägypten unter der militärischen Führung seines Sohnes und Nachfolgers, Sesostris I., seine Macht nach Süden aus. Vermutlich wurde Amenemhet I. ermordet, während sich sein Sohn auf einem Feldzug in Libyen befand. Die Pyramide des Vaters (hier von Westen zu sehen) war ursprünglich rund 55 Meter hoch; für ihren Kern wurden zahlreiche Kalksteinblöcke aus Gräbern des Alten Reiches in Dahschur, Saqqara und Giza verwendet. Der Eingang zu dem Monument liegt auf der Nordseite; sie ist umgeben von – noch nicht freigelegten – Mastabas für Angehörige der königlichen Familie und hohe Beamte. Im Vordergrund ist Ausgrabungsschutt zu sehen, der von Arbeiten des New Yorker Metropolitan Museum of Art zwischen 1906 und 1922 stammt.

Die Pyramide von Medum, 1992 (Seite 53)

Obwohl sie wie ein mächtiger – von Steinschutt umgebener – Turm aussieht, handelt es sich bei dieser Ruine um die erste Pyramide, die in Ägypten errichtet wurde. Der Bau begann vermutlich unter Huni (2583 bis 2575 v. Chr.), dem letzten König der 3. Dynastie, und wurde von seinem Nachfolger Snofru beendet. Der anfangs achtstufige Entwurf wurde später zu einer Pyramide mit glatten Seiten abgewandelt. Die meisten der Umbauarbeiten haben Steinräuber wieder abgetragen, so daß die alte Stufenform wieder zutage kam; Reste der klassischen Pyramidenform sind aber noch im unteren linken Teil zu erkennen. Im Osten sind die Überreste eines Aufwegs zu erkennen. Im Nordosten der Pyramide liegt die Mastaba eines unbekannten Prinzen aus der 4. Dynastie.

Islamische Gräber und ein Schrein, Medinet el-Faijûm, 1992 (Seite 54/55)

Medinet el-Faijûm ist die Provinzhauptstadt des Faijûm, einer besonders fruchtbaren Region, die rund 100 Kilometer südwestlich von Kairo liegt. In Vorzeiten standen Teile des Gebietes immer wieder unter Wasser. Die Trockenlegung und Kultivierung begann während der 12. Dynastie.

Theben

Blick auf Karnak und den Heiligen See von Nordwesten, 1993 (Seite 58/59)

Der große Tempelkomplex von Karnak ist das altägyptische Ipet-isut. Der Hauptkultort der thebanischen Periode gewann zu Beginn des Mittleren Reiches (2134 bis 1650 v. Chr.) an Bedeutung, und fast 2000 Jahre lang wurden seine Tempel erbaut, erweitert, abgerissen und erneuert. Von Westen her betritt man den Komplex durch den ersten Pylon, der aus der 30. Dynastie oder früher ptolemäischer Zeit stammt, und kommt zu dem Tempel des Amun, des Haupts der sogenannten thebanischen Triade (zu der auch noch die Gottheiten Mut und Chons gehören). Der Pylon ist rund 110 Meter breit und 43 Meter hoch, seine Mauern sind fast 15 Meter dick. Es folgt der Große Hof, der im Norden und Süden von Säulenkollonaden flankiert wird; die südliche Reihe wird von dem Eingang zum Tempel Ramses' III. unterbrochen. In der Mitte des Hofs befinden sich die Säule und weitere Überreste eines Kioskes von König Taharga. Zu beiden Seiten des zweiten, heute schwer beschädigten Pylonen, der von Haremhab errichtet wurde, stehen je drei Statuen von Ramses II. Hinter dem Pylon liegen der Große Säulensaal und andere Teile des eigentlichen Tempels. Im oberen Teil des Bildes ist der Heilige See zu sehen; der große Granit-Skarabäus an seinem Ufer stammt aus der Zeit Amenophis' III. (1402 bis 1364 v. Chr.). Rechts des Sees und südlich des Tempels liegt eine Reihe eingestürzter Pylonen aus der 18. Dynastie. Sie markieren den südlichen Zugang zum Tempel.

Der Große Hof des Amun-Tempels von Westen, Karnak, 1993 (Seite 60/61)

In der Mitte des Hofs liegen die Überreste des Kioskes von Taharqa (25. Dynastie). Statuen von Ramses II. stehen am stark verfallenen zweiten Pylon; danach kommt der Große Säulensaal mit seiner zentralen, erhöhten Säulenreihe. Im Vordergrund stößt die westliche Mauer des ersten Pylonen an den kleinen Tempel von Ramses III. Im oberen Teil der Aufnahme ist – außerhalb der Tempeleinfassung – der Tempelbezirk des Month zu sehen, mit den Überresten eines Tempels, den Amenophis III. (1402 bis 1364 v. Chr.) zu Ehren des Kriegs- und Ortsgottes von Theben errichten ließ. Besonders auffallend das Tor von Ptolemäus II. und Ptolemäus III. (246 bis 221 v. Chr.)

Teilansicht des Großen Amun-Tempels, Karnak, 1993 (Seite 63)

Der Mittelteil des Großen Tempels wird von den Obelisken der Königin Hatschepsut (rechts) und des Königs Thutmosis I. überragt. Sie stehen vor den Ruinen des vierten und fünften Pylonen (der zweite von Hatschepsut errichtete Obelisk ist wie viele andere seit langem eingestürzt). Die zwei noch erhaltenen Obelisken sind rund 29 und 21 Meter hoch. Oben links ist die eindrucksvolle Säulenhalle zu sehen; ihre mittlerweile verschwundene Decke ruhte einst auf 134 Papyrussäulen. Der Reliefschmuck in der Halle wurde während der Regierung von Sethos I. (1303 bis 1290 v. Chr.) und Ramses II. (1290 bis 1224 v. Chr.) vollendet. Unten rechts die Überreste von Schreinen und Kapellen, die unterschiedlich gut erhalten sind. In der unteren rechten Ecke sehen wir das Dach des zentralen Barkenheiligtums von Amun, das unter Philipp Arrhidäus (323 bis 316 v. Chr.) ausgeschmückt wurde.

Blick auf den Tempel von Luxor und die Stadt, 1993 (Seite 64)

Der Tempel liegt im Süden der heutigen Stadt, ungefähr zwei Kilometer südlich von Karnak am Ostufer des Nils. Er wurde im wesentlichen von zwei Königen erbaut, der innere Teil von Amenophis III. (1402 bis 1364 v. Chr.), der äußere von Ramses II. (1290 bis 1224 v. Chr.). Die große Kolonnade stammt von Tutanchamun. Der Tempel, den Gottheiten Amun, Mut und Chons und dem gottähnlichen Herrscher geweiht, 187 Meter lang und an seiner breitesten Stelle 54 Meter breit, besteht aus Kapellen samt dazugehörigen Vestibülen und Nebenkammern, einer großen Säulenhalle und einem offenen Säulenhof, der von Norden her durch eine lange Kolonnade erreicht werden kann. Der Tempel war eng verbunden mit dem Großen Tempel von Amun in Karnak. Einmal im Jahr, während des zweiten und dritten Monats der Überschwemmungsperiode, gab es in Luxor große religiöse Feierlichkeiten, bei denen das Bildnis des Amun aus Karnak in sein südliches Domizil gebracht wurde.

Eingang zum Tempel von Luxor, 1992 (Seite 65)

Ein moderner Platz liegt im Vordergrund des Pylonen von Ramses II., der den Eingang zum Tempel bildet. Zwei rund 14 Meter hohe Sitzfiguren des Königs befinden sich am Eingang, daneben sind die Überreste vier weiterer Statuen des Herrschers zu sehen. Zu dem Obelisken links vom Eingang gehörte ursprünglich ein zweiter, der aber seit 1836 auf der Place de la Concorde in Paris steht (sein Fundament ist immer noch zu sehen). Hinter dem Pylon liegt der Hof Ramses' II. mit 74 Säulen, die Wände schmücken Darstellungen von Feiern zu Ehren des Fruchtbarkeitsgottes Min und anderen religiösen Zeremonien. Zur Zeit der Aijubiden (13. Jh. n. Chr.) wurde im Hof die kleine

Moschee des Abu el-Haggag erbaut. Der Eingang zur Prozessionskolonnade des Tutanchamun wird auf beiden Seiten von sitzenden Kolossalfiguren Ramses' II. mit der Königin Nofretete neben seinem rechten Bein flankiert. Hinter dem Tor befinden sich zwei Doppelstatuen der Gottheiten Amun und Mut, danach folgt der säulenumstandene Hof von Amenophis III., der zum Innern des Tempels führt.

Medinet Habu, Theben, 1993 (Seite 66)

Das antike Theben, das fast ein Jahrtausend lang (von 1991 bis 1070 v. Chr.) Hauptstadt und religiöses Zentrum Ägyptens war, breitete sich damals auf der Fläche des heutigen Luxor und Karnak aus; es umfaßte riesige Nekropolen und mächtige Königstotentempel und reichte bis zum Westufer des Nils, während es im Westen an die Täler der Wüste grenzte. Der Tempelkomplex von Medinet Habu (der Name geht auf ein inzwischen aufgegebenes christliches Dorf zurück) umfaßte einige der frühesten religiösen Stätten Thebens, die vor allem dem Gott Amun gewidmet waren. Höhepunkt der Anlage ist der Totentempel von Ramses III., der einst von einer gewaltigen festungsartigen Umfassungsmauer umgeben war (Überreste sind vorne und oben links zu sehen). Das östliche befestigte Tor (oben rechts) führt zum Haupttempel; hinter dem Tor liegt ein kleiner, aus der 18. Dynastie stammender Amun-Tempel. Darunter und zur Rechten befinden sich die Grabkapellen der Gottesgemahlinnen: Prinzessinnen, die am Ende der 25. und zu Beginn der 26. Dynastie die geistlichen Herrscherinnen Thebens wurden. Vor dem Pylon Ramses' III. liegen die Überreste eines Königspalastes, den der Herrscher während religiöser Feierlichkeiten nutzte.

Der Tempel von Ramses III., Medinet Habu, Theben, 1993 (Seite 67)

Der Mittelteil des Großen Tempel von Ramses III. (1194 bis 1163 v. Chr.) ist sehr gut erhalten. Die Fassade des ersten Pylonen mit den vier Nischen für Fahnenmasten schmücken Reliefs, auf denen militärische Erfolge des Königs in Gegenwart des Gottes Amun verherrlicht werden. Hinter dem ersten Pylon folgen ein säulenumstandener Hof, ein zweiter Pylon und ein weiterer Hof, dann die große Säulenhalle und mehrere Kulttempel.

Das Ramesseum von Süden, West-Theben, 1993 (Seite 68/69)

Unten rechts liegt der Eingang zum zweiten Hof, der einst von Säulen und Kolossalstatuen des Königs umgeben war. Am Ende des Hofs führen Stufen zu einer erhöhten Terrasse; sie ist Teil der Säulenhalle, von der noch vier Säulen stehengeblieben sind. Ein einzelner Kopf von einer eingestürzten Kolossalfigur des Herrschers liegt vor der Säulenhalle auf der Erde. Dahinter befindet sich die Große Säulenhalle, die wie ihr Gegenstück in Karnak in drei höher ragende mittlere Gänge und sechs niedrigere Längsgänge unterteilt ist. Ein Teil des Daches ist noch intakt. Die Innenräume mit den Hauptheiligtümern sind schon vor langer Zeit abgebaut worden.

Blick auf das Ramesseum, West-Theben, 1993 (Seite 70)

Die Totentempelanlage von Ramses II. (hier von Westen aufgenommen) war dem Gott Amun geweiht; sie besteht aus einem Haupttempel, umliegenden Vorratsräumen, die aus Ziegelsteinen errichtet wurden, und anderen Gebäuden. Von dem ganzen Komplex, der hinter einer Umfassungsmauer liegt, ist nur etwa die Hälfte noch erhalten. Einst stand ein Tempelpalast rechts von der Hauptanlage. Das Grab von Ramses II. befindet sich im Tal der Könige. Ramses' sechsundsechzigjährige Regierungszeit (1290 bis 1224 v. Chr.) war eine Periode lebhafter Bautätigkeit; man schätzt, daß etwa die Hälfte aller noch erhaltenen Tempel aus dieser Zeit stammt.

Der Chons-Tempel, Karnak, 1993 (Seite 71)

In der südwestlichen Ecke des umfriedeten Tempelbezirks von Karnak führt ein Bab el-Abd genanntes Tor (unten rechts), das von Ptolemäus III. Euergetes I. (246 bis 221 v. Chr.) erbaut wurde, auf eine mittlerweile verschwundene Sphingenallee, die – ehe sie einem Kiosk mit vier mal fünf Säulen wich – am Eingang zum Tempel des Chons endete. Das dem thebanischen Mondgott und Sohn des Amun und der Mut geweihte Monument wurde von Ramses III. (1194 bis 1163 v. Chr.) errichtet; die meisten Reliefs stammen allerdings aus der Regierungszeit von Ramses IV. (1163 bis 1165 v. Chr.) und Ramses XI. (1100 bis 1070 v. Chr.). Man betritt es durch einen großen, gut 31 Meter breiten und 18 Meter hohen Pylon, auf den ein säulenbestandener Vorhof, eine Säulenhalle und mehrere Kapellen folgen. Die Mauern des Tempels sind mit Reliefs bedeckt. Im Südwesten des Bauwerks liegt der kleine Tempel der Ipet (der nilpferdgestaltigen Göttin der Geburt und der Mutter von Osiris), der von Ptolemäus VIII. Euergetes II. (170 bis 163 und 145 bis 116 v. Chr.) errichtet wurde.

Die Kolosse von Memnon, West-Theben, 1993 (Seite 72/73)

Diese königlichen Kolosse standen einst Wache am Eingang zu einem riesigen Totentempel für Amenophis III. (1402 bis 1364 v. Chr.), von dem aber nur noch wenige Spuren hinter den Statuen zu sehen sind. Die Monumente wurden in gelbbraunes Quarzit gehauen und zeigen den König auf einem Thron sitzend. Sie sind über neunzehn Meter hoch und haben an den Schultern eine Breite von sechs Metern. Das Gewicht einer Statue wird (ohne Sockel) auf achthundert Tonnen geschätzt.

Deir el-Medina, West-Theben, 1993 (Seite 75)

Das Arbeiterdorf von Deir el-Medina stellt die Überreste einer ummauerten Siedlung aus der Zeit des Neuen Reiches dar, in deren rund 70 Häusern Arbeiter (oder eher Kunsthandwerker) mit ihren Familien lebten, die an den Gräbern im Tal der Könige beschäftigt waren. Zur Rechten liegt der kleine Tempel von Deir el-Medina, der seinerseits von einer hohen Mauer aus sonnengetrockneten Ziegeln umgeben ist. Er wurde während der Regierungszeit von Ptolemäus IV. Philopator (221 bis 205 v. Chr.) begonnen und unter seinen Nachfolgern beendet. Er war der Göttin Hathor gewidmet. Links vom Dorf liegen unter einer Schattendecke die Gräber der Arbeiter selbst.

Die Gräber von Scheich Abd el-Qurna, West-Theben, 1993 (Seite 76)

Auf dem Hügel von Scheich Abd el-Qurna liegen südlich von Deir el-Bahri ein großes Säulengrab aus dem Mittleren Reich (2134 bis 1650 v. Chr.) und mehrere andere Gräber aus dem Neuen Reich (1550 bis 1070 v. Chr.). Im Hintergrund der im Schatten liegende Hatschepsut-Tempel (oben rechts) und das kleine Tal, in dem die königlichen Mumien gefunden wurden.

Der Friedhof von Deir el-Medina, West-Theben, 1993 (Seite 77)

Diese Felsengräber in der Nähe der Arbeitersiedlung von Deir el-Medina gehörten Kunsthandwerkern und Beamten der thebanischen Nekropolis. Sie stammen überwiegend aus der 19. und 20. Dynastie, es wurden aber auch einige aus der 18. gefunden. Die meisten Gräber waren mit einer kleinen Ziegel-Pyramide geschmückt. In der Mitte der Aufnahme ist die Rekonstruktion einer solchen Ziegel-Pyramide zu sehen.

Das Tal der Könige, West-Theben, 1993 (Seite 78/79)

Die als »Tal der Könige« bekannte große Nekropole liegt im Westen des antiken Theben und erstreckt sich dort über eine ziemlich öde Gegend voller Felsabbrüche und Sand. Hier wurden für die Könige der 18. bis 20. Dynastie mächtige Gräber aus dem Stein gehauen, mit Gängen und Räumen, die einen Sarkophag und Grabbeigaben aufnehmen sollten. Die Wände wurden mit Szenen geschmückt, die Stationen aus der Reise des Verblichenen durch die Unterwelt und seine Ankunft im Ewigen Leben darstellen. Der Pfad vorne links führt an mehreren Gräbern aus der 19. Dynastie vorbei, darunter die von Sethos I. und Ramses I., ehe er in einen offenen Weg mündet. Das kleine Rechteck darüber ist der Eingang zum Grab des Tutanchamun (1347 bis 1337 v. Chr.), das 1922 von Howard Carter und Lord Carnarvon geöffnet wurde und dessen Entdeckung einen der wohl größten und wertvollsten Grabfunde in Ägypten darstellt. Über diesem Grab liegt das von Ramses VI. (1151 bis 1143 v. Chr.). Rechts davon liegt auf einer Böschung das Grab von Merneptah (1224 bis 1214 v. Chr.), dem Sohn und Nachfolger von Ramses II., dessen Ruhestätte sich anschließt. Noch weiter rechts folgt mit eigenem Hof das Grab von Ramses IV. (1163 bis 1156 v. Chr.). Außer dem Grab des Tutanchamun wurden alle bereits im Altertum ausgeraubt. Um wenigstens die Mumien zu retten, wurden viele vorsorglich in ein Geheimlager bei Deir el-Bahri gebracht.

Nekropole im Asasif-Tal, West-Theben, 1993 (Seite 80/81)

Im Asasif-Tal, östlich von Deir el-Bahri und vom Hatschepsut-Tempel (in der oberen linken Ecke), liegt eine große Totenstadt aus dem Mittleren Reich und der Spätzeit. Ihre Gräber wurden in die umliegenden Felsen gehauen und bedecken den Talboden. Zwei Pylonen führen von der modernen Straße hinunter zu den Grabfeldern. Der erste (größere) Pylon führt zum Begräbniskomplex von Montemhet, einem thebanischen Prinzen aus der Zeit der 25. und 26. Dynastie, dem es gelang, seine Herrschaft über fast ganz Oberägypten auszudehnen. Der zweite Pylon markiert den Eingang zum Grab von Pabasa, dem Hofmeister der Prinzessin Nitokris. Sie war die Tochter von Psammetich I. (664 bis 610 v. Chr.), dem zweiten König der 26. Dynastie. Ganz links ist in der Mitte die Säulenfassade des Grabes von Djari zu sehen, einem Höfling von König Mentuhotep II. (2061 bis 2010 v. Chr.). Im Vordergrund liegt das einstige Ausgrabungshaus des New Yorker Metropolitan Museum of Art.

Das Grab von Ramose in Abd el-Qurna, West-Theben, 1993 (Seite 83)

Die in den Hügeln zwischen Deir el-Bahri und dem Ramesseum gelegenen Felsengräber von Scheich Abd el-Qurna gelten als die bedeutendsten Privatgräber, die während des Neuen Reiches (1552 bis 1070 v. Chr.) für Würdenträger und Priester errichtet wurden. Das Zentrum bildet das Grab von Ramose, das heute mitten zwischen den Häusern der Bewohner von West-Theben liegt. Ramose war unter Amenophis IV. (1353 bis 1335 v. Chr.) Gaufürst von Theben und Wesir. Das Grab blieb unvollendet, als die Hauptstadt nach Tell el-Amarna im Norden verlegt wurde.

Das Kopten-Kloster von Deir el-Mohareb, Theben, 1993 (Seite 84)

Eine Nekropole umgibt den modernen Bau mit seinen kuppelförmigen Gräbern. Die Form geht auf eine alte Tradition zurück, die aus der Zeit der Römer stammt.

Die Tempel von Deir el-Bahari, 1993 (Seite 85)

Die Totentempel in Deir el-Bahari wurden von ihren Erbauern, Nebhepetre-Mentuhotep (2061 bis 2010 v. Chr., links) und Königin Hatschepsut (1490 bis 1468 v. Chr., rechts), am Fuße von Wüstenfelsen errichtet und dienten dem Kult des Gottes Amun und des jeweiligen Herrschers. Eine Opferstätte für Hathor, die Nekropolengöttin Thebens, wurde an die linke Seite des Hatschepsut-Tempels angebaut. Kurz nach Vollendung des Hatschepsut-Tempels errichtete Thutmosis III. (1490 bis 1436 v. Chr.) über den beiden Monumenten eine Tempelanlage für Amun und zwischen ihnen eine Kapelle für Hathor. Der (im Schatten liegende) Tempel von Mentuhotep ist der erste Tempel, der in Ägypten auf einer Terrasse gebaut wurde, an die eine Rampe heranführt. Der rund 500 Jahre jüngere Hatschepsut-Tempel ist teilweise aus dem Fels gehauen, teilweise freistehend und ebenfalls ein Terrassenbauwerk.

Zwei Rampen führen vom unteren zum oberen Hof mit dem Sanktuarium, zu verschiedenen Kolonnaden sowie den Überresten von Kapellen und Heiligtümern. Im Vordergrund liegt eine rechteckige Öffnung, die als Bab el-Hosan bekannt ist und über einen langen unterirdischen Gang zu einem Statuengrab führt, das mit dem Tempel von Mentuhotep verbunden ist.

Oberägypten

Die Felsengräber von Beni Hasan, 1992 (Seite 88)

Diese Gräber, insgesamt 39, wurden im Mittleren Reich (2134 bis 1650 v. Chr.) am Ostufer des Nils zwischen Memphis und Asyut angelegt und bildeten die bedeutendste Nekropole der Provinz. Einige der Gräber gehörten den Gaufürsten der Nome Oryx (oder Antelope), der 16. Provinz Oberägyptens. Die Gräber sind geschmückt mit Inschriften und anschaulichen Darstellungen des Alltagslebens in den Provinzen. Auf dem Bild ist die südliche Gruppe (Gräber 14 bis 26) zu sehen, darunter auch das Grab 17 des Nomarchen Khety (hinter den zwei Wachen).

Hathor-Tempel, Dendara, 1992 (Seite 89)

Das antike Dendara war die Hauptstadt des sechsten Nomos (Verwaltungsbezirk) Oberägyptens und ein Zentrum der Verehrung Hathors, der kuhköpfigen Göttin der Liebe und der Freude. Der Tempelkomplex am Westufer des Nils ist wie üblich nach dem Fluß ausgerichtet und mißt nur etwa 300 mal 290 Meter. Er ist umgeben von einer Ziegelmauer, die an manchen Stellen 12 Meter dick ist und eine Höhe von rund 10 Metern erreicht. Sein Eingang ist ein mächtiges Tor, das aus der Zeit der römischen Kaiser Domitian und Trajan stammt; sie regierten im 1. Jahrhundert n. Chr. Im Inneren befinden sich die Überreste mehrerer Gebäude; im Vordergrund liegt das sogenannte Geburtshaus aus der Zeit Trajans. Dahinter eine koptische Kirche, die aus dem späten 5. Jahrhundert n. Chr. stammt, und ein römisches Sanatorium. Beherrschendes Monument der Anlage ist der wunderbar erhaltene Tempel der Hathor, der zwischen dem 1. Jahrhundert v. Chr. und dem 1. Jahrhundert n. Chr. errichtet, allerdings nie ganz vollendet wurde. Der Vorhof führt zu einer großen Säulenhalle (Pronaos) sowie verschiedenen Räumen und Opfersälen. Das Geviert zur Rechten des Tempels, einst ein heiliger See, ist jetzt ein baumbewachsenes Becken. In der Wüste dahinter liegt ein riesiger Friedhof aus der Pharaonenzeit.

Der Tempel des Chnum, Esna, 1992 (Seite 92)

Die Überreste des Chnum-Tempels sind umgeben von Häusern der Stadt Esna, eines kleinen Provinzorts auf dem linken Nilufer, gut 50 Kilometer südlich von Luxor. Die Stadt, die in der Antike Tasenet hieß, war einst ein bedeutendes Provinzzentrum Oberägyptens. Der Chnum-Tempel, von dem nur die guterhaltene Säulenhalle übriggeblieben ist, stammt aus dem 1. Jahrhundert n. Chr. Er war dem widderköpfigen Gott Chnum, der nur regional verehrt wurde, und den mit ihm verbundenen Göttinnen Neith und Heka gewidmet. Die 36 Meter lange, knapp 15 Meter hohe Fassade mit ihren sechs Säulen weist nach Osten, das Dach des Pronaos ruht auf 24 Säulen.

Blick auf Edfu, 1992 (Seite 93)

Edfu, einst die Hauptstadt des zweiten Nomos Oberägyptens, liegt erhöht in einem weiten Tal. Ein Teil der alten Stadt liegt unter der neuen; Ausgrabungen haben weitere Überreste in dem Hügel oberhalb des Horus-Tempels zutage gebracht, des besterhaltenen Tempels Ägyptens. Der Tempel ist dem falkenköpfigen Gott Horus geweiht; der Bau wurde 237 v. Chr. unter Ptolemäus III. Euergetes I. begonnen und 57 v. Chr. vollendet.

Der Horus-Tempel in Edfu, 1992 (Seite 94/95)

Der Horus-Tempel in Edfu weist aus unbekannten Gründen nach Süden und nicht, wie sonst üblich, nach Norden. Er ist das Hauptbauwerk einer weitaus größeren Anlage, die von einer – teilweise hier sichtbaren – Umfassungsmauer eingeschlossen wird. Ein Geburtshaus aus ptolemäischer Zeit befindet sich nahe dem Eingang; große, eindrucksvolle Reliefs schmücken seine Pylonen. Dahinter folgen eine Säulenvorhalle und der eigentliche Tempel mit einer überdachten Säulenhalle, mehrere Kammern, in denen Schreine und Altäre stehen, und schließlich ein großes Sanktuarium. Zur Linken des Tempelkomplexes sind im Westen Ruinen der alten Stadt zu erkennen.

Philae von Osten, 1992 (Seite 96/97)

Eine internationale Rettungsaktion verlegte zwischen 1972 und 1980 die Tempel von Philae und bewahrte sie so vor den steigenden Wassern des Nasser-Sees. Die Monumente wurden zu der kleinen Insel Agilka im Nordwesten gebracht. Die meisten Bauwerke entstanden in den letzten beiden Jahrhunderten v. Chr. und in dem ersten n. Chr. Die Anlage des antiken Philae wurde auf Agilka nicht komplett wieder aufgebaut, einige Monumente liegen noch im Wasser und sollen später geborgen werden. Der Isis-Tempel (Mitte), in Nord-Süd-Richtung stehend, mit seinen zwei großartigen Pylonen, bildet den architektonischen Höhepunkt von Philae. Er wurde von Süden betreten (links). Nachdem man den Vorhof zwischen dem ersten und zweiten Pylon durchschritten hat, betritt man den eigentlichen Tempel, der aus einem Vestibül, mehreren Vorkammern, einem Sanktuarium und einigen Nebenkapellen besteht. Der Kolonnadenbau unterhalb des Tempels ist ein Kiosk aus der Römerzeit.

Die Gräber von Qubbet el-Haua, Assuan, 1992 (Seite 99)

Auf dem Westufer des Nils liegt – gegenüber von Assuan – Qubbet el-Haua, die »Kuppel der Winde«, in der sich Felsengräber von Beamten aus dem Alten Reich (2640 bis 2134 v. Chr.) und von Nomarchen aus dem Mittleren Reich (2134 bis 1650 v. Chr.) befinden. Im Vordergrund das Grab des Prinzen Sarenput I., der während der Regierung von Sesostris I. (1971 bis 1926 v. Chr.) lebte. Auf der Spitze des Hügels liegt das kleine Grab eines Scheichs und links davon Kitchener's Island, das einst Lord Kitchener gehörte und jetzt einen botanischen Garten beherbergt. Am oberen linken Bildrand ist das Hotel Assuan Oberoi auf der Insel Elephantine zu erkennen.

Feluken am Nil, Assuan, 1992 (Seite 100/101)

Feluken sind Boote mit einem dreieckigen Segel, die schon in der Antike das traditionelle Transportmittel auf dem Nil, der Lebensader Ägyptens, waren. Doch die Segelboote des Altägypten dienten nicht nur dem Handel auf dem Fluß – sie wurden für Reisen verwendet, die bis heute legendär sind. Ägyptische Schiffe segelten im Mittelmeer bis zu den Dardanellen und bis nach Gibraltar, sie waren im Roten Meer unterwegs und durchfuhren den Golf von Oman, um an den Ufern des Indischen Ozeans Entdeckungen zu machen und Handelspartner zu finden. Diese Feluken liegen am Westufer flußabwärts der Villa Nur el-Salam (Mitte).

Das Kloster des St. Simeon, Assuan, 1992 (Seite 102)

Auf einem Hügel gegenüber von Assuan liegen am Westufer des Nils die Ruinen des Klosters von St. Simeon, das im siebten Jahrhundert n. Chr. gegründet und im 13. Jahrhundert wegen Wassermangels aufgegeben wurde. Seine Mauern aus unverkleidetem Stein und sonnengetrockneten Ziegeln sind fast sechs Meter hoch.

Blick auf den Tempel des Sobek und des Haroeris am Nil, Kom Ombo, 1992 (Seite 103)

Gut vierzig Kilometer nördlich von Assuan auf einem Landvorsprung an einer Nilbiegung gelegen, lag das antike Kom Ombo, in ptolemäischer Zeit (304 bis 30 v. Chr.) ein wichtiges Wirtschafts- und Verwaltungszentrum. Sein Tempel des Sobek und des Haroeris (hier von Nordwesten aufgenommen) wurde von Ptolemäus VI. Philometor (180 bis 145 v. Chr.) begonnen, von Ptolemäus XII. Auletes weitergeführt und in der Römerzeit vollendet. Der Tempel war zwei Universalgöttern, dem krokodilköpfigen Sobek und dem falkenköpfigen Haroeris, gewidmet. Da beide ihre eigenen Riten und Feiern hatten, war das Monument durch eine an seiner Längsachse entlanglaufende imaginäre Linie in zwei Hälften geteilt, die beide eigene Eingänge, Türen und Kapellen besaßen. Von den 16 Säulen, die den Vorhof umstanden, existieren nur noch die unteren Hälften. Der eigentliche Tempel besteht aus dem Pronaos mit 15 Säulen, einer Säulenhalle mit zehn Stützsäulen, drei Vorkammern und mehreren Kapellen. Innerhalb der Tempelumfassung befinden sich die Überreste eines Geburtshauses aus dem 2. Jahrhundert v. Chr. (unten links) und das Tor des Ptolemäus XII. Auletes (oben rechts) mit dem angrenzenden kleinen Heiligtum der Hathor. In dem Tempel werden jetzt die Mumien heiliger Krokodile aus einer nahe gelegenen Nekropole aufbewahrt. Ein heiliger Brunnen befindet sich im Vordergrund der Einfriedung.

Das Mausoleum des Aga Khan, Assuan, 1992 (Seite 104/105)

Das Mausoleum des Aga Khan (Aga Khan III., Sultan Mohammed Schah, 1877 bis 1957), des Oberhaupts der islamischen Sekte der Ismailiten, liegt auf einem Hügel am Westufer des Nils gegenüber von Assuan. Nach dem Wunsch seiner Witwe, der ehemaligen Schönheitskönigin Yvette Labrousse, deren Villa Nur el-Salam im Vordergrund zu sehen ist, wird jeden Tag eine rote Rose auf den Sarkophag des Khans gelegt.

Der Große Tempel von Ramses II., Abu Simbel, 1993 (Seite 107)

Die atemberaubende Felsenfassade des Großen Tempels ist rund 30 Meter hoch und zeigt in vier fast 21 Meter hohen Kolossalstatuen den sitzenden Ramses II. (die zweite Plastik von links hat schon in antiker Zeit Kopf und Schultern verloren). Der Pharao trägt ein Tuch um den Kopf und eine Doppelkrone, sein Kinn ziert eine formelle Barttracht. Vor den Riesenstatuen befinden sich weitaus kleinere, aber immer noch überlebensgroße Statuen von Mitgliedern der königlichen Familie. Der Eingang hinter den Figuren führt in eine große Säulenhalle, die mit zahlreichen Darstellungen des Königs und seiner Familie geschmückt sind. Jenseits der Halle befinden sich ein Vestibül und ein Sanktuarium. Zweimal im Jahr, am 20. Februar und am 20. Oktober, fallen die Strahlen der Sonne voll auf die Rückwand der Opferstätte und erleuchten sowohl die dort aufgestellten Statuen der Götter Amun, Horus und Ptah wie die des gottähnlichen Ramses II.

Blick auf Abu Simbel und den Nasser-See, 1993 (Seite 108/109)

Zwischen 1964 und 1968 wurden die gewaltigen Felsentempel von Abu Simbel am Westufer des Nils an eine höher gelegene Stelle transferiert, um sie vor den Wassern des Nasser-Sees zu retten. Links ist der Große Tempel von Ramses II. und rechts der Tempel von Königin Nofretete zu sehen. Beide Monumente wurden während der Regierungszeit von Ramses II. (1290 bis 1224 v. Chr.) errichtet, um an den dreißigsten Jahrestag seiner Thronbesteigung zu erinnern. Ihr ursprünglicher, jetzt unter Wasser liegende, Standort befand sich unweit des Ufers rechts im Vordergrund der Aufnahme.

Marilyn Bridges vor zwei Statuen der Königin Wadjt
© Felicia Murray 1996

NACHWORT

von Marilyn Bridges

Meine erste Reise nach Ägypten im Jahr 1984 war kurz. Ich hatte gerade ein Fotoprojekt in Griechenland beendet und spontan beschlossen, einen dreitägigen Erkundungstrip nach Ägypten dranzuhängen. Schon immer hatte ich davon geträumt, zwischen den Pyramiden von Giza umherzuwandern und ihren magischen Zauber auf mich wirken zu lassen. Ich habe seit langem das Gefühl, daß diese Monumente auf starken Energieströmen, die die Erde durchziehen, errichtet wurden und dazu dienen sollten, himmlische Kräfte zu empfangen und weiterzugeben. Es gehört zu meinem Wesen, zu mir selbst zu finden, indem ich Vertrautes hinter mir lasse und Neuland entdecke. Den größten Teil meines Erwachsenenlebens habe ich damit verbracht, alte Kulturstätten zu erforschen, etwa die Linien der Nazca in Peru, die Menhire in Großbritannien oder die Erdzeichen der Ureinwohner Amerikas, und ich bin zu der Überzeugung gekommen, daß die Menschheit einst in Verbindung zu Kräften stand, die wir längst vergessen haben. Vielleicht fotografiere ich deshalb so häufig heilige Stätten. Ich möchte in anderen langschlummernde Empfindungen wieder zum Leben erwecken.

Das Erlebnis, in Ägypten zwischen den Ruinen umherzugehen, inspirierte mich so, daß ich ganz selbstverständlich auf die Idee kam, sie auch zu überfliegen. Doch nach ersten Erkundigungen auf dem Kairoer Flughafen wurde mir rasch klar, daß es in Ägypten so gut wie keinen privaten Luftverkehr gibt. Mein Versuch, eine kleine einmotorige Maschine zu finden, schien hoffnungslos zu sein. Aber trotz aller Frustration wollte ich nicht aufgeben, und so beschloß ich, mich an die offizielle Ausbildungsschule der ägyptischen Luftwaffe zu wenden, um doch noch in die Luft zu kommen. Es gelang mir, den zuständigen General mit all meinem Charme soweit zu bringen, daß er meiner Bitte nicht widerstehen konnte: Großzügig erlaubte er mir, ihn bei einem einstündigen Trainingsflug über Giza zu begleiten.

Ich konnte ein paar Aufnahmen von der Sphinx sowie der Cheops- und der Chephren-Pyramide machen. Aber die Tageszeit eignete sich nicht für Luftbilder: Es war Mittag, und die Hitze der Wüste stieg bis zu den Spitzen der Monumente und sorgte für einen fotografischen Alptraum aus zu hellem Licht und zuwenig Kontrast. Wie sich später herausstellte, hatte es das Schicksal dennoch gut mit mir gemeint. Ich hatte nicht nur zur richtigen Zeit den richtigen Menschen gefunden, denn der Flug war höchst ungewöhnlich (und gegen die Vorschriften), sondern nach meiner Rückkehr in die USA machte ich voller Begeisterung die Entdeckung, daß die Sphinx und die Pyramiden auf meinen Bildern wie Geistererscheinungen aus einer geheimnisvollen Wüstenlandschaft emporragten. In diesem Augenblick wußte ich, daß ich noch einmal nach Ägypten fahren mußte.

Es sollten aber einige Jahre vergehen. Dieses Mal kümmerte ich mich um die nötigen Genehmigungen im voraus und legte auch meine Route in Ägypten sorgfältig fest. Ich nahm Kontakt zur ägyptischen Botschaft in Washington auf und erfuhr, daß ich zunächst eine Erlaubnis des Kairoer Verteidigungsministeriums brauchte – kein einfaches Unterfangen, schon gar nicht für eine Frau. Nach vielen Briefen, die unbeantwortet blieben, bestieg ich schließlich im Oktober 1992 ein Flugzeug nach Ägypten, um zu sehen, ob ich vor Ort mehr Erfolg haben würde. Der Zeitpunkt war nicht sehr günstig. Die Nachrichten waren voll von Aufständen der Fundamentalisten in Kairo und am Nil. Ich rief meinen alten Bekannten an, den General, nur um zu erfahren, daß er kurz vor der Pensionierung stand. Dennoch engagierte er sich für mein Vorhaben, und nachdem er an einigen Fäden gezogen hatte, bekam ich die Erlaubnis für meinen Flug von Kairo nach Abu Simbel.

Der Flug erwies sich als nervenstrapazierendes Abenteuer. Vom Start an wurde die kleine Cessna 172 durch die aus der Wüste aufsteigenden Hitzespiralen hin und her geschüttelt. Ein weiteres Problem stellte das Flugbenzin dar. Wegen der Terroraktionen entlang dem Nil durften wir zum Auftanken nur einige wenige weit auseinanderliegende Flughäfen ansteuern. Bei einer Gelegenheit richtete der Pilot die Maschine nach Mekka aus, übergab mir das Steuer und fing heftig zu beten an. Seine kühle militärische Haltung begann zwar allmählich zu bröckeln, doch meine Beharrlichkeit ärgerte ihn. Wenn wir zu einem Motiv kamen, drehte er nur ein, zwei Runden und steuerte das nächste Ziel an. Ich konnte meine Aufnahmen machen, doch für Zweitschüsse war kaum Gelegenheit. Die Aussicht, die sich mir bot, während das Flugzeug über den Nil knatterte, war überwältigend. Die Pyramiden schienen aus dem Sand zu wachsen; grellweiße Gräber durchzogen wabenartig die Landschaft. Wie riesige Skelette ragten zwischen Dörfern und Städten großartige Tempel empor. Bald allerdings stellte sich heraus, daß der Pilot unsere Reise rasch beenden wollte. Als wir in Luxor gelandet waren, weigerte er sich weiterzufliegen. Abrupt wurde mir klar, daß ich noch einmal Papierkrieg und Behördenrennerei auf mich nehmen mußte, wenn ich mein Vorhaben zu Ende führen wollte.

Meine letzte Reise nach Ägypten, 1993, wurde denn auch die schwierigste. Ich mußte mir gleich aus mehreren Abteilungen des Verteidigungsministeriums Genehmigungen und Bescheinigungen beschaffen, darunter auch eine, die mir bestätigte, daß ich weder ein Spion noch ein Saboteur sei. Jeden Tag wurde mir nun gesagt, morgen könne ich fliegen – *»inshallah!«* (so Gott will!). Doch Allah wollte anscheinend nicht. Als ich eines Nachts nicht schlafen konnte, machte ich einen Spaziergang zu dem Großen Tempel in Luxor. Allein und inzwischen ziemlich entmutigt wanderte ich zwischen den riesigen Statuen von Ramses II. umher und fragte mich, warum mir so übel mitgespielt wurde. Ich gab mir die Antwort selbst: Ich sollte lernen, geduldiger zu sein und womöglich auch zu verzichten. Ich sollte lernen, loszulassen und zur Not auch das Unakzeptable zu akzeptieren. »So Gott will«, würde meine Reise stattfinden, und wenn nicht ...? Am nächsten Tag stand der Hubschrauber bereit. Es wurde ein bemerkenswerter Flug. In einem alten russischen Helikopter durch die Lüfte segelnd und mit einem Patronengürtel um den Bauch, überquerte ich das ehrwürdige Tal der Könige, ehe ich den Nil weiter entlangflog bis nach Abu Simbel.

Denkmäler sollen Zeugnisse für die Ewigkeit sein. Doch Ruinen zeigen uns, was es mit der Vergänglichkeit auf sich hat: Die meisten Menschen fürchten sie, weil sie durch sie an ihre Sterblichkeit erinnert werden. Die alten Ägypter wollten, wie wir, nicht vom Leben lassen, und diese Obsession brachte sie dazu, die Möglichkeiten des Todes zu erkunden. Das Leben war für sie wie der Nil ein kontinuierlicher Strom. Leben und Tod wurden die Hälften eines Ganzen. Es gibt ein ägyptisches Sprichwort: »Wer Wasser aus dem Nil trinkt, wird immer zurückkehren.« Jedesmal, wenn ich meine Aufnahmen betrachte, kehre ich im Geist an ihre Ursprünge zurück. Ich fühle mich erhoben, und unter der Ägide der Isis gleite ich wieder über die Altertümer am Nil.

AUSSTELLUNGEN

Bilder von Marilyn Bridges sind in folgenden Sammlungen zu sehen:

American Museum of Natural History, New York
Bibliothèque Nationale, Paris
Canadian Centre for Architecture, Montreal
Center for Creative Photography, University of Arizona, Tucson
Cincinnati Art Museum
Colgate University, Hamilton, New York
Fondation Vincent van Gogh, Arles, Frankreich
Hellenic Centre of Photography, Athen
High Museum of Art, Atlanta
International Center of Photography, New York
International Museum of Photography at George Eastman House, Rochester, New York
Israel Museum, Jerusalem
Library of Congress, Washington, D. C.
Los Angeles County Museum of Art
Metropolitan Museum of Art, New York
Musée de la Photographie, Charleroi, Belgien
Museo Nacional de Antropologia y Arqueologia, Lima, Peru
Museu Nacional de Soares dos Reis, Porto, Portugal
Museum of Art, University of Oklahoma, Norman
Museum of the American Indian, New York
Museum of the City of New York
Museum of Fine Arts, Houston
Museum of Modern Art, New York
Museum of Fine Arts, Santa Fe
National Gallery of Canada, Ottawa
Nevada Museum of Art, Reno
North Dakota Museum of Art, Grand Forks
Philadelphia Museum of Art
Royal Commission on Historical Monuments, London
Salt River Project, Phoenix, Arizona
University of Nebraska, Lincoln

Einzelausstellungen (Auswahl)

1981 Blue Sky Gallery, Portland, Oregon
1982 Galeriegesellschaft, Berlin
Robert Klein Gallery, Boston
Center for Inter-American Relations, New York
1983 Tucson Museum of Art, Tucson, Arizona
New York Academy of Sciences, New York
Glenbow Museum, Calgary, Kanada
1984 Smithsonian Institution, Washington, D. C.
1985 Hunter Museum of Art, Chattanooga, Tennessee
Edwin A. Ulrich Museum of Art, Wichita State University, Wichita, Kansas
Sheldon Memorial Art Gallery, University of Nebraska, Lincoln
1986 Adler Planetarium, Chicago
Lowe Art Gallery, Syracuse University, Syracuse, New York
Wilderness Park Museum, El Paso, Texas
1987 Canton Art Institute, Canton, Ohio
Tampa Museum of Art, Tampa, Florida
International Museum of Photography at George Eastman House, Rochester, New York
Burden Gallery, New York
1988 Sheldon Swope Art Museum, Terre Haute, Indiana
The Photographers' Gallery, London
1989 Palm Springs Desert Museum, Palm Springs, California